차 한잔하실까요?

열린출판시인선 06

차 한잔하실까요?

왕영분 다섯 번째 시집

열린출판

■ 시인의 말

　나이가 들수록 경륜이 쌓이고 보는 눈도 듣는 귀도 더 넓고 깊어져야 할 텐데, 내 마음의 텃밭은 점점 옹색해지고, 얕은 물에서 들려오는 물소리는 거칠기만 합니다. 그래서인지 요즘 들어 문득 내 안의 나를 자주 들여다보게 됩니다.

　지하철로 출퇴근하던 분주한 시절, 바쁜 하루 속에서도 보고 듣고 느낀 작은 감동들을 적어두곤 했습니다. 그중에서도 "차 한잔하실까요?"라는 제목으로 메모해둔 연작시가 떠오릅니다. 그때의 따뜻한 기억을 다시 꺼내어 누군가와 나누고 싶은 마음에, 작은 용기를 내어 이렇게 글을 적어봅니다.

　해는 서산으로 기울고 마음은 초조해질 때도, 서로 손을 잡아 온기를 나누는 사람들이 있어 세상은 여전히 살 만하다는 걸 느낍니다. 그 따뜻한 마음들 덕분에 저 역시 기대어 살아왔습니다. 이제는 제가 누군가에게 그런 사람이 되고 싶습니다.

　부족한 글이지만 읽으시면서 고개를 끄덕이며 공감해주시길 소망합니다. 지금까지 저에게 버팀목이 되어주신 모든 분들께 진심 어린 감사의 마음을 전합니다.

2024년 11월 靑蘭 왕영분
큰절 올립니다.

■ 차례

■ 시인의 말 _ 5

1부 작설차를 마시며

작설차를 마시며 …………………………… 15
지하철 풍경·1 ……………………………… 16
황혼 …………………………………………… 17
나는 지금 어디 ……………………………… 18
보석 …………………………………………… 19
지하철 풍경·3 ……………………………… 20
뭐 그리 대수랴 ……………………………… 21
아름다운 세상 ……………………………… 22
가는 길 ……………………………………… 24
내일이면 ……………………………………… 25
친구야, 보고 싶다. ………………………… 26
억새의 노래 ………………………………… 28
풍경風磬 …………………………………… 29
공空 ………………………………………… 30
아름다운 사람아 …………………………… 32
어리석었던 시절 …………………………… 34
간격 …………………………………………… 35
가방끈이 짧아서 …………………………… 36
쑥부쟁이 꿈 ………………………………… 38
녹명鹿鳴 …………………………………… 39
실업계 담임 ………………………………… 40

7

2부 연잎 차, 올립니다

연잎 차 올립니다 ······················· 43
청초호에 달이 뜨면 ····················· 44
지치도록 춤을 추리 ····················· 45
오류 ································· 46
삶을 노래하는 시인에게 ················· 48
숨은그림찾기 ·························· 50
당부하는 말 ··························· 52
하루살이 ······························ 53
즐겨찾기 ······························ 54
봄날은 간다. ··························· 56
꽃길 ································· 57
봄이 오면 ····························· 58
금강소나무/ 목소리 ····················· 60
가는 세월 ····························· 61
지금, 저 남자도 ························ 62
연꽃 만나고 가는 바람 ·················· 63
가을 한낮 ····························· 64
들꽃 ································· 65
그들의 이야기 ························· 66
들길 따라 ····························· 68
오늘도 걸어간다. ······················· 69
와인 한 잔 ···························· 70

3부 국화차 한잔하실까요

국화차 한잔하실까요? ········· 73
영랑호에서 ················· 74
그 사람 ··················· 75
칠월 칠석날에 ··············· 76
물꼬 ····················· 77
거울 ····················· 78
발자취 ··················· 79
난 괜찮아 ················· 80
모정 ····················· 82
잘 산다는 건 ··············· 83
나도 왕년엔 ··············· 84
휴식 ····················· 85
모순 ····················· 86
고맙습니다 ················· 87
욕심 ····················· 88
안부 ····················· 90
붓을 잡고 보니 ············· 91
조금씩 보인다 ··············· 92
흔적 ····················· 93
낙엽 ····················· 94

4부 커피 한잔하실까요

커피 한 잔 마시며 ············· 97
파란 하늘 흰 구름 ············· 98
해돋이 ························ 99
빛바랜 수채화 ················ 100
너와 나 ······················ 102
내일은 해가 뜰까? ············ 103
도로무익徒勞無益 ············· 104
세월 ························· 105
삶은 기다림이 아니다. ········ 106
가을 끝자락 ·················· 108
가는 길 ······················ 109
너 그거 아니? ················ 110
엄니 ························· 111
소망 ························· 112
참으로 감사한 날 ············· 113
저녁해는 지는데 ·············· 114
사랑은 그런 거였어 ··········· 115
소국이 환하게 웃던 날 ········ 116
갈대 ························· 117
무에 그리 잘 났다고 ·········· 118
바보 ························· 119

5부 모과차 한잔하실까요

모과차 한 잔 드실까요 ······· 123
울산바위 ······· 124
등불 ······· 125
탐욕 ······· 126
12월 ······· 127
발자취 ······· 128
꿈인 듯 생시인 듯 ······· 129
간절곶 ······· 130
짱뚱어 잠퉁이 ······· 131
신호등 ······· 132
요양원 할머니 ······· 133
마음의 문門 ······· 134
젊은이 고마워 ······· 136
생명 ······· 137
투정 ······· 138
물꼬·2 ······· 139
체념 ······· 140
국화차 한 잔으로 ······· 141
가을의 기도 ······· 142
그걸 몰랐구나 ······· 143

6부 따끈한 매화차 한잔하시죠

매화차 한 잔 …………………………… 147
빈집 …………………………………… 148
여인女人 ……………………………… 150
눈[雪] ………………………………… 152
넌 역시 멋쟁이 ……………………… 154
인연의 고리 ………………………… 155
1월 …………………………………… 156
마지막, 그다음 ……………………… 158
하늘을 나는 새처럼 ………………… 159
눈물 …………………………………… 160
아, 그거였구나 ……………………… 161
엄살 부리지 마 ……………………… 162
가을비 속으로 ……………………… 163
푸념 …………………………………… 164
기다림 ………………………………… 165
내 나이가 어때서 …………………… 166
진심을 전하리라 …………………… 167
첫사랑 ………………………………… 168
그 하루 ……………………………… 169

평설: 탁월한 문학적 감성과 놀라운 부활 의지
   -왕영분 시인의 시집을 통해 보는
      상생의 시학 ……………………… 171

1부

작설차를 마시며

작설차를 마시며

마르고 비틀린 잎들이
따스한 물속에서
참새 혀처럼 기지개 켠다.
정겨운 향 따라
다소곳이 얼굴 디미니
스멀스멀 세포들이 일어선다.

쌉싸래한 맛이 입가에 맴돌고
그리운 얼굴
자꾸 뒤돌아보라 한다.
세월 속에 소원했던 우리 사이
이제 가까워질 수 있을까?
방안 가득히 넘실대는 그리움
오늘은 쓰디쓴 작설차 한 잔으로
바다같이 넓어진 내 마음
용기 내어 따스한 손 내밀자

지하철 풍경·1

허리 굽은 노부부 손잡고 올라탄다.
빈자리가 마침 하나 눈에 들어온다.
"어서 천천히 앉으시구려 내 걱정은 말고"

옆에 앉았던 중년 남성
재빠르게 일어나며
"할머니 여기 함께 앉으세요"

"괜찮습니다.
저쪽으로 가면 되니까"
"아니 여기 할아버지 곁에 앉으세요"
재빨리 대각선 방향으로 급히 간다.

두 어르신은
연신 고맙다고 인사를 한다.

황혼

온몸의 나사가
조금씩 풀어져 헐거워진다.
미로를 더듬듯 찾아내어
조여야 할 텐데,
뇌세포까지 어리둥절
이어주고 청소하고 기름칠하고
수선하여 얼마간은
다시 써야겠는데
예서제서 아우성친다.
아파, 아파
제 먼저 보아달란다.
어쩌랴?
봇물 터지듯 넘쳐나니
뉘 있어 막을 수 있으리

나는 지금 어디

꽃이 핀다.
붉은 꽃 노란 꽃 하얀 꽃
내 마음에도
무지개다리가 놓인다.
갈래머리 소녀 되어
기억 속 저 너머
꿈의 궁전으로 달려간다.
나는 누구인가?

어디쯤 가고 있는 걸까.
돌아보니 아득한 길
얼마를 더 가야!
잃어버린 나를 찾을 수 있을까
정녕 나를 찾을 수는 있을까.
미로 속을 뒤뚱거리며
오늘도 찾아 나선다.

보석

찌든 옷소매,
터진 바짓가랑이
온갖 잡동사니로 가득한 종이 가방

대낮인데 술 냄새가 풀풀
초점 잃은 게슴츠레한 눈동자
산다는 것을 포기한 노인 같다.

"아가씨, 영등포 얼마나 남았우?"
미소가 예쁜
옆자리 하얀 블라우스의 그 여인
"할아비지, 제가 안내해 드릴게요..
저도 영등포에서 내려요."

생긋 웃는데,
덧니가 빛이 난다.
보석 중의 보석이로다.

지하철 풍경 · 3

지하철 안
퇴근 시간이라 젊은이들이 많다.
운 좋게 앞 좌석에 앉은 젊은이
무척 피곤해 보인다.
꾸벅꾸벅 졸더니 급기야
옆에 계신 아주머니 어깨에
편히 기대어 코를 곤다.
아주머니 미동도 없이
받쳐주듯 몸을 기울여준다.

젊은이 손에 든 핸드폰 떨어질세라
다른 손으로 받쳐주신다.
종로 3가 놀라 깬 청년 계면쩍은 듯
붉어진 얼굴로 연신 고개 숙여 인사하며
가방을 들고 도망치듯 떠난다.
아주머니 젊은이 나간 쪽을 바라보며
"오늘 하루 얼마나 힘이 들었을까?"
안쓰러운 듯 한숨을 쉰다.

뭐 그리 대수랴

한 눈이 잘 보이질 않는다.
뭐 그리 대수랴.
잡아 일으킬 수 있는 두 팔과
밥을 떠먹일 수 있는 두 손이 있고.
퇴행성관절염이라나, 류머티즘이라나,
성치 않은 무릎일망정 아직은 걸을 수 있는데

폐기물 주워다, 얼렁뚱땅 만든 손수레
오늘도 혼자서는 아무것도 할 수 없는
웃는 모습이 기가 막히게 예쁜 할망구 태우고
논두렁 밭두렁 덜컹댈 수 있으니,
나는 행복하다.
엄청 행복하다.

몇 개 안 남은, 뻐드렁 앞니
푹 들어간 볼우물 사이 햇살이 곱다.
(어느 노부부의 기막힌 사랑 이야기를 읽고)

아름다운 세상

4학년 교실
30분 내, 눈 감고 벌을 받고 있다.
영희 가방에서 기성회비 봉투가 없어진 것이다.
명숙이가 흑흑 느껴 울기 시작했다.
예서제서 마음 약한 여자애들이
봇물 터지듯 울음보를 터뜨렸다.
이윽고 의협심 강한 성식이가 손을 든다.
"선생님 제가 잘못했어요."
모두 눈을 뜨고 화장실로 수돗가로 달려갔다.
몇 어린이는 눈치를 보며 꼼짝도 안 하고 앉아있다.

교무실로 조용히 성식이를 불렀다
'왜 그랬니? 네가 하지 않은 거 아는데,'
"불쌍하잖아요. 나쁜 짓 하지 않은 여자애들이"
다독여주어 교실로 돌려보낸 후
다음 수업 준비하려 하는데
할머니와 단둘이 힘들게 사는 용철이 녀석이
쭈뼛쭈뼛 문을 밀고 들어섰다.
"선생님, 제가 나쁜 사람이에요"
흑흑 소리 내 울며 두 손을 모아 비는 게 아닌가.
가정 사정을 알기에 나도 모르게 눈물이 나왔다.

등을 두드려주고 가슴에 꼭 안아주었다.
다시는 나쁜 짓 안 하고 선생님 말씀 잘 듣겠노라고
새끼손가락을 들이밀며 한참을 소리 내 울었다.

지금은 어디에서 잘살고 있는지.
힘들고 어렵고 아픈 이들에게
물꼬를 터 줄 그 누군가가 많이 나왔으면 좋겠다.
물길 따라 시원하게 아름다운 세상이 펼쳐지길 소망해 본다.

가는 길

외롭다는 건
사치스러운 생각이란 걸
내 이제야 알겠다.

그립다는 건
아직도 내 안의 내가 가득함을
조금씩 깨달아간다.

보고 싶다는 건
마지막 남은 情 몽땅 주고 싶음을
뒤늦게 알게 되었다.

내일이면

와! 넘어간다! 넘어간다.
에이 다 넘어갔잖아.

눈망울이 초롱초롱한 남자아이와
누나인 듯한 초등학교 여자 어린이가
꼭 잡은 두 손을 높이 흔들며
강 건너, 노송 사이로 져가는 붉은 해를 보며
좋아라, 아쉬운 듯 소리 질렀다.

'얘들아, 걱정하지 마
내일 아침이면 또 떠오를 거야'
조용히 타이르는 은발의 할머니 목소리가
긴 여운을 남기며 사라졌다.

친구야, 보고 싶다.

보고 싶었다고 덥석 잡은 손
마디마다 세월의 흔적이다.
하회탈 같은 웃음으로
반가움을 이야기한다.

깊은 산, 높은 산 약초 찾아 떠돌이
전국 오일장 안 다닌 곳 있던가.
귀동냥 배운 지식
약초라면 만물박사
내가 네 건강은 책임질게, 나만 믿어
아픈 어깨 꾹, 꾹 눌러 만져주며
믿으란다. 그냥 믿으란다.
의심함이 큰 병이란다.
막걸리 한 잔에 산채비빔밥, 뚝딱
이제, 그만 손주 곁에서
재롱 보며 살아도 되련만
움직일 수 있는 그 날까지 일하며 살겠다 했지,
겨울이면 잦은 감기 기침으로
고생하던 꼬마 친구 못 잊어
도라지에 배를 넣어 건강 음료 싸 들고
고희에 찾아온 소꿉동무

몇 가닥 흰머리 정상에서 빛나고
휘휘 내 젓는 서러운 팔
굽은 등 뒤로 해는 지는데

친구야, 내 동무야
많이 보고 싶다.
넉넉한 미소로 사랑 나누며
여전히 막걸리 좋아하겠지.

억새의 노래

아픈 사랑으로 우리 만났어도
해가 뜨면 함께 해를 바라보고
눈이 오면 어깨 보듬어 가려주고
바람 불면 기대어 서로 바람막이 되어주고
비가 오면 같이 젖어도 보며
머물러 넉넉한 미소로 바라보는
아름다운 삶이길 소망하노니
우연으로 스치듯 만났어도
오래전 바램으로 만난 필연인 듯
어두운 밤 지키는 처연한 달빛처럼
환하게 미소 지으며
골목길 밝혀주는 별빛처럼
오로지 한 곳만 바라보며
사랑으로 하얗게 사위어가라 한다.

풍경 風磬

세찬 비바람 불어와도
눈 감지 못하고 깨어있으라니
살을 에는 모진 눈보라 속에
눕지 말고 의연하게 맑은 소리 내라니
가슴은 까맣게 타고
팔다리는 경직되어 저려 오는구나.
사방이 잠든 깜깜한 밤에도
정신 차려 영혼을 달래주라니
아마도 전생에 죄를 많이 지은
업보가 아니던가.
살기 힘들다고 도리질도 해보지만
사명이려니 생각하며
물 흐르는 대로 바람 부는 대로
의연하게 대처하는 네게
작은 몸 내려놓는다

공空

책상에 앉아 학문에만 열중하기가
왜 그리도 힘든 날들, 이였는지.
할 일도 많고 해야 할 일도 쌓여있고
가난을 등에 업고 불 켜진 눈으로
오직 내일 날 두고 보자 했지.

세상 모두가 내 편이 아니라고
원망과 불만은 오히려 쓴 약으로
구석구석 헤집고 다니던 그 날들
온몸을 불사르고 싶다고
열정으로 버티던 날들
붉게 떠오르는 태양도
노송 사이 사라지듯 져가는 저녁 해도
마음속 꾹 담아두고 살았다.

이제 돌아보니
모두가 손가락 사이로 빠져나간 은빛 물결들
손가락 펴고 쥐며 기다린 날들도 사라지고
그 실체들은 어디로 갔단 말인가.
그토록 매달리던 꿈들은
지금 어디에서 나를 조롱하고 있음인가.

모두가 허상!
공(空)이였구나,

아름다운 사람아

우연히 만난 친구들과
호탕한 웃음소리 함께하는
할머니 동태탕 집을 찾았다.

초저녁인데도 비좁은 실내는
빈자리가 눈에 띄지 않을 정도로 빼곡했다.
어쩐담, 일행은 여섯인데
조금 넓어 보이는 건너편 자리에 앉은
사십 대 정도로 보이는 마음씨 좋은
두 남성이 일어나며 손짓한다.
둘만 앉을 수 있는 옆자리로 이동하며
자리를 기분 좋게 양보했다.

고맙다는 인사도 못 하고,
우르르 자리에 앉으며
오랜만에, 만난 기쁨에 들떠
서로 부둥켜안고, 정신없이
하하 호호 이야기꽃을 피우다 보니
음식이 차려진 것도 뒤늦게 알았다.

순간

소주병 하나가 금방 사라졌다.

아! 넉넉한 마음씨의 백 시인,
어느새 남자분들 계신 자리에
소주병을 들고 가 인사를 한다,
손 흔들어 인사하는 그들도
고맙다고 답례하는 우리도
흐뭇한 시간이었다.

그래 행복이 별거더냐,
누구도 생각하지 못한 양보와 배려,
그리고 작은 일에도 놓치지 않고 감사하는 마음.
진정 아름다운 사람들이 아닌가.

어리석었던 시절

열려야 할 때 열려야 하고
닫고 싶을 땐 닫을 수도 있어야 하는데
도무지 열리지 않던 문.
아무리 급해도 한 발 뒤로 물러서서
당겨야 열리는 문도 있는 것을 이제 알았다.

조금만 뒤로 물러설 것을
한 걸음만 양보할 것을
밀고 들어가려고만 했었다.
오만함이 내 안의 문을 또 잠그고
열릴 것만 고집하던 어리석었던 그 시절

직진만이 문을 열 수 있으리라는 아집
오직 채찍질만 했었다.
열고 들어가도 또 문이 있음을 알았을 땐
참으로 많은 세월이 흐른 뒤였다.
어이 하리, 끝도 없는 깨달음의 길인 것을

간격

적당한 거리에서
서로 지켜보아 주자

때론 살짝 비켜주어
오롯이 해님 사랑받도록 도와주자

부드러운 바람이 안아도 주고
쓰러지지 않도록 손 내밀어 잡아주리라

세찬 바람 몰아치면 기대어 쉬게 하고
우산이 되어 쏟아지는 비도 막아주자

서로 눈물 닦아주고
바라보며 함께 웃음 나누자

너무 다가서려 하지 말고
그냥 바라보아주자

가방끈이 짧아서

'가방끈이 짧아서'
인상 좋은 50대 택시 기사님
말끝마다 씩 웃으며 멋쩍은 듯, 하는 말
'죄송한데 저 앞에 보이는 파출소, 잠시 들려도 괜찮을는지요?'
"네, 그러세요." 고개를 끄덕이자 재빨리 뒤 트렁크에서
라면 상자와 음료수를 꺼내 들고 들어간다.
급한 볼일이 있어 퇴근 후 천안을 가는 길
잠시 들리겠다고 슈퍼에 들어가 무엇인가 사 오시기에
집에 가져가려나. 했는데,
헐레벌떡 운전석에 앉으시며 연신 죄송하다고 인사한다.

2년 전 술에 만취한 사람을 태우고 천안을 온 적이 있는데.
승객이 횡설수설하는 바람에 천안역 근처를 몇 바퀴나 돌고
요금도 못 받고 파출소에 부탁했는데,
젊은 경찰관이 나와, 주머니를 뒤적이다가

삼만 원을 꺼내 손에 쥐여 주더라나
괜찮다고 해도 자기 고향에 계신 분이 피해를 주었으니
적더라도 받아 가시고 천안에 좋은 인상을 받고 가시라고,
그 후 착한 경찰관을 가끔 떠올리며
꼭 한번 찾아보리라 마음먹었단다.
작년에 전근했다는 동료 말에 서운은 했지만
극구 사양하는 경찰관에게 야식이라도 하라고
대신 전해주고 왔노라고,
편안한 미소를 짓는 기사님의 옆얼굴을 바라보니
어찌 그리도 행복해 보이던지,

쑥부쟁이 꿈

노송 자락에 붉은 해 걸려 머뭇거릴 때
그대 손길 그리워 마냥 기다립니다.

조명으로 다가오는 저녁 햇살 받으며
주인공인 당신도 은빛 머리였습니다.
나는 여전히 관객으로 그대 등 뒤에서
숨죽이고 시간을 보내는 못난이
굽이굽이 움푹 팬 능선 사이
수줍게 핀 보랏빛 쑥부쟁이

흔들리고 부딪쳐도 서걱대며
속울음 우는 그 사연 알기에
작고 초라하지만
슬며시 손잡고 끝없이 내달리고 싶답니다.
아직은 열려있을 푸른 하늘
조각배 타고 두둥실 날고 싶습니다.

녹명鹿鳴

마치 송아지가 엄마 찾아 울 듯이
애절하면서도 가슴 깊은 곳에서 울려 퍼지는
사슴의 울음소리 어찌 표현하리

숲속에서 먹이를 찾았을 때
멀리 가까이 있는 새끼들
가족 친구를 불러 모으는 울음소리

내 몫 챙기기에 급급한 인간들
우선 내 배 채우기 위해
얼마나 치열하게 밀치고 싸우는가.

친구야!
뿔 달린 멋진 친구 사슴의 이야기 듣고
뭉클함에 오늘은 차 한 잔 나누고 싶다.

실업계 담임

흰 와이셔츠, 쪽빛 넥타이
경찰서로 상담실로
이리저리 불려 다니다가
오늘도 점심은 건너뛰고
친구 같은 새댁 하나
오두막이 기다리는 신혼집
땅거미 질 무렵 들어간다.
출근길 마누라가 아침에 준 용돈마저
학생합의금에 털어 넣고
지친 모습 태교에 안 좋다고
깨끗이 닦은 손, 하얀 이, 보이며
'그래도 게네들에게,
내가 있어 다행스러워. 참 불쌍한 녀석들

실업계 담임 2년 차,
아마 내년도 또 맡겠지

2부

연잎 차, 올립니다

연잎 차 올립니다

두 손 정갈하게 씻고
정화수 정성 들여 다관에 담아
연꽃 한 송이 피워
그대에게 차 한 잔 올리고 싶습니다

티 한 점 없는 마음
오롯이 가득 채운 다반茶盤.
진실만을
그대에게 전하고 싶습니다.

부끄러운 마음 접어두고
옥양목 다건(茶巾)에 곱게 싸서
발걸음 사뿐히 정성스레
오늘 그대 찾아 나섭니다.

청초호에 달이 뜨면

울산바위 어둠으로 숨어들고
속초 앞 바다 오징어잡이 배 반짝일 때
온종일 뙤약볕에 졸던 거대한 돛단배
높이 떠올라 고운 자태 자랑하니
청초호 노닐던 청둥오리 비릿한 수초에 자리 잡네.

당기고 밀던 갯배 할아버지 굵은 손가락 사이로
행복한 담배 연기 꾸물대며 어깨 위로 날아가고
아바이순대 썰던 할머니 비로소 허리 펴니
오늘이 어제인가 어제가 오늘인가.
비가 오려나, 바람 불려나
내일은 바람 불지 말고 해만 뜨는 날 이길,

허연 머리 날리는 할머니도
손 마디마디 설움뿐인 할아버지도
젊은이들 환호성 속 하늘로 치솟는 폭죽 바라보며
남아있는 열기로 따스한 모래에 두 발 담그시고,
막걸리 한 사발에 그리움 날리겠지.

지치도록 춤을 추리

설화 같은 벚꽃이 마음을 빼앗고
눈부신 복사꽃이 가슴 달라더니
이제, 그만 이혼하자 한다.

그리도 빨리 사라질 설렘이라면
그리도 쉬이 식어버릴 사랑이라면
꽃은 왜 피고 새는 왜 울었는가.

화려했던 봄날들 꿈결같이 흘러간다.
가고 다시 못 올 날들이라면
목이 쉬도록 노래하고 지치도록 춤이나 추리

오류

어제부터 초롱이가
슬슬 곁에서 멀어지려 한다.
큰 눈망울을 이리저리 굴리며
눈치를 본다.
묻고 싶다.
할머니 미워졌니?

가만 생각해 보니,
주는 대로 먹지 않는다고
소리를 지르고 윽박 대며,
억지로 먹이려 했던
그제 아침이 생각난다.

널 사랑해서야
건강하게 할미 곁에 있으려면
먹어야 해, 꾀부리지 마
어디가 아픈지 알아보지도 않고
그냥 먹이려고만 했다.
끝내는 노란 물을 토하고
눈을 감고 돌아눕고 말았다.

우린 살아가면서
얼마나 많은 오류를 저지르는가.

삶을 노래하는 시인에게

초라한 언어들이
아름다운 꽃잎 위에 떼구루루,
영롱한 이슬이 되어 빛이 납니다.
붉고 노랗고 파란 옷을 입고
화려함을 더 합니다.

당신은 요술사입니다.
나를 울리고 웃기며
고운 노래를 부르게도 합니다.
심연 끝에 머문 먼 날들을 불러
아픈 눈물을 흘리게도 합니다.

어제와 오늘이
무한한 하늘에 날기도 하고
뭉게구름 숨바꼭질하기도 합니다.
그리고 내일이 공존합니다.
당신으로 하여,

보라 꽃이 화사하게
하늘 향해 나팔 부는 아침
잠든 영혼 일깨워주는 당신

오늘은 그대 함께
차 한잔하고 싶은 간절함입니다.

숨은그림찾기

알지 못할 슬픔이 밀려와
나를 주체하기 힘든 새벽
주섬주섬 옷을 주워 입고
집 밖으로 나왔다.
가뭄으로 갈라진 논바닥
혀를 내밀고 인상을 쓴다.
작은 인기척에 백로 한 마리
잽싸게 날아오르고 빨간 고추잠자리 여유롭게
노란 호박꽃 위에서 흔들거린다.

상기도 미련 남은 자귀나무 꽃술
대롱대며 힘껏 버티는데
건너편 암탉은 목청껏 할머니를 부른다.
"알 가져가세요. 어서요"
앞집 복술이 멍멍대며 대꾸하고
검은 구름 사이 스멀스멀
붉은 해는 얼굴을 내민다.
녹슨 담장 사이로 연분홍 나팔꽃이
서서히 기지개를 켜는 아침
보랏빛 도라지꽃
햇살 받아 고운 자태 뽐내는데

용케도 눈에 띈 행운의 고구마꽃
네게 기쁨을 안겨주리라 한다.

눈에 들어온 해맑은 풍경
숨은 그림 찾아내듯 눈여겨보니
여기도 저기도 숨은 듯 있었구나.
무심했던 행복이란 녀석

당부하는 말

가을이
깊이 들어가려 합니다.
못다 한 이야기 너무 많아
무거운 몸뚱이 뒤뚱거리며
고개 숙인 벼 이삭에게 소곤댑니다.
사랑 없으면, 죽은 목숨이라고

이슬 맺힌 억새와 붉은 감잎
힘없이 떨어지는 오동잎 바라보며
다시 힘주어 속삭입니다.
오늘을 산다는 건, 살아있다는 건
사랑을 주고 나누는 정이라고

찬 가을비가 옷깃을 당기며
가던 걸음 재촉합니다.
어서 준비하라 합니다.
쉬이 떨어지지 않는 발걸음
당부하는 말 잊지 않습니다.

가을이
차마 기다릴 수 없는 서러움
손짓으로 안녕하며
눈물만 흘리고 떠나갑니다.

하루살이

천둥 번개 치고
비바람 세차게 불고 간 자리
눕혀진 풀숲을 헤치며 걷는다.
젖어 오는 바짓가랑이야 그렇다 치고
고개 드는 습한 열기에 길 떠난 하루살이
화장품 냄새에 고공 무용을 시작한다.

하루를 천년같이 살기 위해
분향 찾아 나선 하루살이

'이것들을 그냥!'
허, 내가 지금 무슨 생각을,
날 해치려 하지도 공격하지도 않았거늘
조금 거추장스럽다고
앞길을 방해한다고
무자비하게 죽일 순 없지

오늘은 인자한 부처가 되자
오늘은 사랑 가득한 예수가 되자

즐겨찾기

산등성이 햇볕 찾아드는 그곳
허리 굽은 할미꽃이 반겨준다.
보송보송 흰털, 은빛 찬란히 살랑이고
목덜미 간질이는 봄바람
살그머니 다가와 쓰다듬고 가곤 한다.

무명 적삼 아래
흰 앞치마가 정겹고
동동 구르무향, 아미 고운 엄마
쪽머리 동백기름 냄새가
구수한 누룽지만큼이나 기억에서 살아난다.

동네에서
둘째가라면 서러운 대꼬챙이 아버지
초가삼간 오두막집
자고 나면 찾아드는 즐겨찾기 추가 등록하여
시시때때로 찾아볼 수 있다면
부지깽이든 엄마 피해서
울타리 아래 숨어도 보고
호랑이 아버지 몰래 콩닥거리는 가슴 안고
할머니 방에서 웅크리고 단잠도 자보련만,

솜이불 보다, 푹신한 그 품 안에 안겨
서럽게 울어도 보고 힘든 세상 원망도 하련만

즐겨찾기
굵고 진하게 아무리 올려보아도
낯선 화면 그리움만 가득하구나.

*아미: 가늘고 곱게 누어진 눈썹

봄날은 간다.

서러운 눈꽃인가.
마지막 가는 길
벚꽃의 화려한 군무인가.
이리저리 날리다,
끝내는 아스팔트 위
아름답게 수놓듯 널브러져 눕는다.

좋아라. 춤추듯 달리던 아이
'엄마 꽃들이 눈으로, 코로 들어와요'

"아들아,
하늘에서 비가 오면
하늘에서 눈이 오면
제일 먼저 얼굴로 떨어지잖니."

'아! 그렇구나.
꽃들은 내가 제일 좋은가 봐'
까르르 웃는 아이의 손을 흔들어주며
엄마도 신나게 달린다.

날마다 오늘만 같아라.

꽃길

그제
산 오름 길 조팝나무
하얀 영혼에 길을 잃었다.

어제
이길 벚꽃 떨어져
나빌레라, 춤추었다.

오늘은 아카시아 꽃잎 날려
옛 친구 불러오네.
내일 붉은 장미 만발하리라

비 오고, 바람 불어
하늘대며 춤추던 초록 잎 새
먼 길 떠난다 한들

하얀 눈길
즈려밟고 오실 고운임
이미 내 안에서 웃음 지으시네.

봄이 오면

봄이 오면
분홍빛 너울 쓰고
먼데 산 가까이
내게 다가와 속삭이겠지.

심연 끝 남아있는 지난날 앙금들
넓은 바다로 흘려보내고
뽀얗게 피어나는 아지랑이 사이
곧게 뻗은 신작로 따라
임 마중 나가라고,

연둣빛 옷고름 자랑스레 풀어 제쳐
봉긋한 젖무덤 질세라 자랑할 제
어디선가 날아온 노랑나비 한 마리
그리운 얼굴 찾아 길 떠나는
나의 등 살며시 도닥여주겠지.

하루해
저녁노을 등에 업고
긴 그림자 내릴 때쯤
아쉬움에 차마 눈뜨지 못할지라도

나 거기 있음에 행복하리라

*고성 화암사와 도원리에서

금강소나무/ 목소리

늘 바르게 살라 하셨다.
길이 아니면 가지 말고
말이 아니면 하지 말라
입은 가능하면 다물고
듣는 귀는 열어 지혜를 담아라.

아직도 성숙하지 못하고
천방지축 난 채 하는 어리석은 딸
어느 하늘에서 조바심하며 바라보실는지
솔향 그윽한 솔밭에서
인자한 아버지 목소리 그리워하네.

가는 세월

가는 사람은 돌아보지 않는다
보내는 이는 눈물 흘리지 마라.

떠난 사람은 앞만 바라본다.
뒷모습 외로운 그림자는
기다리는 자의 아픈 상처이다.

가을이 간다.
어느새 겨울이 자리 잡는다

지금, 저 남자도

산을 오른다.
푸른 숲 아카시아 향이
자꾸만 침을 삼키게 한다.

풀 먹인 푸른 깃에
낮달이 희미하게 걸려있다.
커다란 눈망울 눈물이 번득인다.
애써 감추려 시선을 돌린다.

논마지기 팔아 등록금 대주던 홀어머니
효도 한번 못 받으시고,
호전되던 병세가 위독하시단다.

지금 저 남자도,
편안히 등을 기대고 싶은
누군가가 필요하겠지

연꽃 만나고 가는 바람

많이, 힘들구나.
밥은 먹었니?
너무 깊이 생각하지 말고
마음을 편히 가져라.

산다는 건
다 그런 거란다.
미워하지도 말고
너그럽게 이해하며 살거라.

힘들어하실까 봐,
입 꼭 다물고 있었건만
진흙탕 속에서도
보살 웃음 웃으신다.

네 마음
다 안다는 듯이
분홍 옷소매 살포시 열고
따스한 온기 전해주신다.

가을 한낮

보랏빛, 과꽃에 그리움 얹어
한 방울 이슬로 맺히고 푼
하나씩 터득하는 사랑
나팔꽃 대롱 속에
조금씩 비치는 햇살
하늘로, 머리 드네.

잘 익은 된장 내음 탓인가.
장독대 잠자리 떼, 날아드니
자줏빛 맨드라미 제 흥에 겨운데
가을 한낮 기운 해에
해바라기 고개 숙여
오지 않는 임 그리워 눈물짓네.

푸드덕 날아든 귀뚜라미
서러운 날갯짓에
어느덧 툇마루 저녁놀 지네
초저녁 샛별에게
작은 소망, 전해주고
밤으로 가는 길은 사랑이어라.

들꽃

형형색색
숨어서 나서서 피어나는 너
앉아서 서서 돌아서서
다시 바라보게 하는 너

작고 볼품없이 자라나
눈길 한번 준 적 없어도
조바심하지 않고 때를 기다림인가
옹색하다 불평 없이 곱게도 피었구나.

부족한 인간들에게
길을 안내하려 함인가.
아름다움이란 이런 거라고
넌지시 일러주는구나.

그들의 이야기

파도에 밀려오는 바닷물
잠시 눈 한번 감았다 뜨니
무릎 위, 감아 오르듯
소리 없이 다가와 시린 발목 적신다.

능선 따라 촉촉이 내리던 가을비
떨어진 낙엽 휘몰아 오더니
노란 은행잎 가던 발길 멈추라 하네.
상기도 못다 한 이야기 남았음인가.

옹기종기 모여 속닥속닥
깊은 계곡 이끼 낀 돌 틈새
빠르게도 다람쥐 한 마리
도토리 입에 물고 뛰어드네.

뜨겁던 한여름의 사랑도
날리는 낙엽 따라 멀어져가고
그리움 또한 희미해져 잊히리라.
가는 세월 덧없음에 흐르는 눈물

그러나 나는 안다.

오고 아니 가는 것이 없듯이
가고 아니 오는 것이
또한 없다는 것을.

들길 따라

들길 따라
숲길 따라
돌담 지나, 돌아 돌아온 길
눈물 한 방울 흘리지 않은 이 있으리

하늘 보고
땅을 보고
자신을 바라보며
허탈한 웃음 짓지 않은 이 있으리

가다 오다 우연히 만나거든.
정겨운 미소 한번 지어주고
따스하게 손 한번 잡아주며
차 한잔 나누며 살자

그래
그게 사람 사는 세상인 것을,

오늘도 걸어간다.

솜사탕 입에 문 아가가
뒤뚱거리며 걸어간다.
'엄마! 줄 거지? 또 줄 거지'
앞서가는 엄마는 말이 없다.
양손에 든, 장바구니가 무거워 보인다.
'엄마! 혼 안 낼 거지, 나 말 잘 들을게.'
단맛을 음미하는 아가는 마냥 행복하다.

지금 나는 어디로 가는 걸까
양손에 들고 있는 과자 단물만 빨며
사랑하고 나누어주자, 입으로만 하고
도리질로 자만 속에 살고 있는 건 아닌지
열심히 살았으니 손잡아 주실 거야,
아마도 사랑해 주실 거야,

막연한 기대와 착각으로
길을 잘못 가고 있지는 않은지
앞만 보고 갈 수 있도록
당신 크고 따스한 손
내밀어 이끌어주시리라 믿기에
나는 오늘도 씩씩하게 걸어간다.

와인 한 잔

입술을 담그고 싶다.
달콤함이 닿을 수 있게
부드러운 미소가 있으면 더욱 좋겠다.

분홍빛 살갗에
오래도록 머물다가
꿈을 꿀 수 있다면 더욱 좋으리

고열로 신음하며
사랑을 노래하고 싶다.
부딪치는 술잔 노래로 화음하리라.

체증 같은 그리움
퇴색되어 빛바랜 깃발일 망정
정상엔 아직도 펄럭일 자리 있겠지.

3부

국화차 한잔하실까요

국화차 한잔하실까요?

하얀 찻잔에 산국 향이 둥글게
맴을 돌다가 끝내는
그리움 목젖을 간지럽힙니다.

발길 따라 그대 따라왔다가
울컥하는 서러움에 눈물 나고
고향 집 가고 싶은 마음 그대는 아시나요?

때때로 먼 산 바라보며
잊히지 않는 옛 임 생각 눈물겨운데
노란 산국은 철없이 피어나려 합니다.

따스한 국화차 한잔으로
우리 옛 동산 걸어볼까요.

영랑호에서

세월을 먹는 겁먹은 얼굴 하나
가던 길 멈추고 뒤돌아보니
황톳길 먼지만 날린다.

쪽빛 물 위 구름이 따라가고
뒤뚱대는 원앙 한 쌍
가을 한낮 소슬바람 심술에
떨어진 나뭇잎과 물가에서 뒹군다.

짧은 오후 햇살에
담장 넘어 해바라기 목 빼고
오지 않는 임 기다리는 한나절

조약돌 비치는 호수에
긴 그림자 슬픔에 잠기는 시간
흰머리 날리며 옷깃을 여며도
가시지 않는 서러움 마음 둘 곳 없어라.

그 사람

아름다운 음악을 들으면
문득 생각나는 사람
하얀 이, 들어내며,
목젖이 보이도록
활짝 웃어 보이던 사람

깊어 가는, 가을밤
풍경소리 그윽한 어느 산사
곱게 잠들어 새근거리는
볼이 발그레한 동승의 숨소리
뜰에 가득한 달빛
사랑 가득한 그곳.

가고 싶다.
가슴 한 켠 똬리 틀고
수호신으로 지켜주며
오늘도 물 주어,
나를 키워주는 그 사람
오늘 나는 따스한 차 한 잔 나누고 싶다

칠월 칠석날에

유리창에 빗물이 무심히 흘러내린다.
먼 그리움을 싣고 나무 꼭대기에서
가지로 낮은 잎사귀로 골고루 내린다.
흘러가는 물줄기는
넓게 골고루 땅속으로 흐르겠지.
목말라 입 벌린 틈새로
한 치의 차별 없이 나누어준다.
나도 가슴을 열고 들숨 날숨
드디어 손을 들어 살포시 안아준다.
오랜 그리움은 바로 사랑

긴 세월 참고 기다렸던 견우와 직녀
오늘 그들은 오랜 포옹으로
사랑을 확인할 것이다.

물꼬

버스에서 자주 만나든 눈썹이 짙은 남학생
두툼 한 책 손에 든 채
아까부터 자꾸만 미소를 짓는다.
무슨 말을 하려는 듯
눈꼬리가 움직인다.

순간 부끄러움에 고개를 숙인다.
콩닥거리는 가슴
행여 그 소리 들킬까 봐
살며시 가슴을 싸안는다.
붉어진 얼굴 화끈거린다.

드디어 가방을 살며시 들어준다.
괜찮다고 도리질을 해봐도
이미 가방은 남학생 무릎에 얹혀있었다.
제대로 고맙다고 인사도, 못한 채,
도망치듯 집으로 달려왔다.

이유를 묻는 엄마에게
자초지종을 이야기했다.
네가. 예뻐 보인 모양이다.
그 녀석, 물꼬 트려고 애썼네.
조심하거라

거울

우중충한 날씨만큼
잿빛 마음 온종일을 헤맨다.
조여 오는 아픔은 고통이고
초점 잃은 시야는 먼데 하늘만 서성인다.

존재의 가치를 상실해 가는 나
닿지 않는 두 발은 둥둥 떠다니고
머문 자리는 방향을 잃은 채
뒤뚱거리며 흔들린다.

잠시 머물러 나를 들여다본다.
여기까지 왔는데
웃자 웃어보자
거울 속 나도 따라 웃는다.

그렇구나.
내가 웃어야
너도 웃는다는 것을
왜 진즉 몰랐을까.

발자취

무엇인가 지나가면
흔적이 남는다.
더러는
그것이 일기가 되기도 하고
때로는 역사가 되기도 하며
가벼운 바람 한 점에도 쓸려 내려가는
보잘 것, 없는 발자취가 되기도 한다.
비록
묻히고 흩어져
모서리조차 없이
사라진다 해도
자연의 윤회를 누군들 부인하리.

내 비록 썩어 뭉그러진들
어김없이 봄은 올 것이고
연둣빛 새싹
언 땅 밀치고 나올 것을 믿기에
주어진 생애 최선을 다함이다.
퇴색됨이 아니고
남은 생애 화려하게 수놓고
작별할 거야, 슬퍼하지 마

난 괜찮아

식사는 하셨어요?
허리는 어떠세요.
요즘 잠은 잘 주무시나요?
치과는 다녀오셨나요?
집 앞, 산책은 자주 하시나요?

난
다 괜찮아 잘하고 있어
식사 꼭 챙기고
마스크 꼭 하고
너무 오래 컴퓨터 앞에 있지 말고
사람들 너무 믿지 말고
운전할 때 핸드폰 절대 보지 말거라
난
밥도 잘 먹고
운동도 열심히 하고
아주 잘 있단다.
어미 걱정은 말거라

늙은 할미는
힘없이

전화기를 내려놓으며
혼자 말을 한다.
"나쁜 놈 한번 내려와서 얼굴이나 보여주지"
긴 한숨 속에
노송 사이로 하루해가 저문다.

모정

손가락 마디마다 튀어나온 흔적
하늘마저 외면한 굽은 허리
눈가에 눈물 마르지 않던 이유
슬픈 사연을 내 어찌 알았으리

배곯지 말거라
잘 보고 넘어지지 마라
남과 싸우지 마라
나쁜 마음, 먹지 마라.
적을 만들지 말거라
늦게 다니지 말거라

일구월심 자식 걱정
허연 귀밑머리 힘없이 너풀거리니
메울 길 없이 헤쳐진 가슴팍
내가 갉아먹고 살았음을
내 이제야 알겠네.

잘 산다는 건

원칙 그리고 공정
기준이 있는 다양성
입버릇처럼 뇌까리는 그들
흑막 속에서 비밀스레 이루어지는
냄새나는 일들
어느 누가 알리
어리석은 인간이기에
우리는 한쪽으로 기울고
다시 우愚를 범한다.

소통
배려
용서
사랑이여 오라

나도 왕년엔

복잡한 교차로
크고 작은 차 사이로
오토바이 철가방 하나
스치듯 솜씨 좋게 빠져나간다.

양옆을 말아 올린 모자
삐딱하게 머리에 올려놓고
외줄 타기 묘기 속에
하루 한낮이 간다.
'나도 왕년엔'
혼자 씨익 웃는다.

'맛있게 드셨나요? 또 오십시오'
구정물에 손 담그며
엊그제 같은 날들을 잠시 돌아본다.

휴식

모든 걸 잊고 잠시 쉬고 싶어서
천정을 바라보고 누웠다.
팔다리 펴고 엉덩이 붙여도
눈이 감기지 않는 이유는 무얼까
초침 소리가 유난히 귀에 거슬린다.
시간이 나를 두고 달아나는 듯해서
안절부절 초조해진다.
무슨 여한이 있을까?
훌훌 털어내어 가벼이 살자 했던가?
내려놓지 못하고 움켜잡는 내가 밉다.
떠나보낼 건 떠나보내고 잊을 건 잊자 했지.
이 세상 내 것은 없다고 달래보지만
그조차 용납 안 되는 불안함
진정 평화롭게 시간을 즐기는 내가 되고 싶다.

모순

어제
나는 잊겠노라고
입술을 깨물었습니다.

오늘
또 나는 잊으려고
서운했던 일만 생각하기로 했습니다.

내일
혹여 당신을 잊을까 봐
걱정입니다.

모레
아주 잊히지 않을지,
오늘 나는 자꾸만 기억에서
끄집어냅니다.

고맙습니다

그 어르신,
평생을 후학 지도에 몸 바치시고.
이제는 인생의 뒤안길에서
남모르게 이웃 돕는 일에 앞장서며 사신다.

입버릇처럼 자녀와 제자들에게 하시던 말씀
'안녕하세요"고맙습니다'
두 가지 말만 잘하며 살면
아무 탈 없이 세상 잘사는 거라 일러주셨다.

오늘 과연 몇 번이나
진심 담긴 그 말을 하였을까
혹여 쓸데없는 말로
누군가를 아프게 하진 않았을까

진심으로 고마워해야 할 누군가에게
표현도, 못하고 소중한 오늘을
헛되게 보내진 않았는지
나를 돌아본다.

욕심

늦깎이로 시작한 사군자 비뚤비뚤
점과 획이 멋대로 그어진다.
난꽃의 농담濃淡이 제 혼자 노닌다.
조바심으로 온종일 입을 다문다.

아픈 허리를 펴노라니
어깨 마디가 빠질 듯 아프다.
일어서려니 무릎에서 삐거덕 소리가 난다.
발랄하게 스포츠 댄스 하는 여인들이 부럽다.

어둠침침 눈을 비비며 자판기를 두드려본다.
검색창을 띄우는데 화면 정지
한참 기다려 겨우 찾고 보니 또 멈춘다.
짜증이 나지만 어쩌랴.

꽃과 나비가 있는, 아름다운 계절이 있고
이 나이에도 붓을 잡을 수 있으며
느리게라도 온갖 정보와 재미를 주는 컴퓨터와
제 몸 지탱할 수 있는 팔다리가 있는데

무에 그리 조바심이 나고 짜증이 날까.

일등만을 고집하던 아이가
이젠 흰머리의 할미가 되어 있지 않은가.
넉넉함으로 감사하는 어른이 되자

안부

힘들지 않겠어?
네 괜찮아요.

아프면 어쩌지?
참을 수 있어요.

잊을 수 있겠어?
그럼요. 잊고 말고요.

혼자서도 할 수 있겠어?
당연하죠. 걱정 마세요.

눈물 흘리지 않을 자신 있어?
네, 절대 울지 않을 거예요.

지금 나는,
용케도 봄 여름 가을 겨울
잘 견디고
잘살고 있다고.
지나는 바람에 안부 전합니다.

붓을 잡고 보니

세상사 마음 같지 않아
묵향에 빠져 잠 못 드는데,
마음이 올곧지 아니한가.
붓이 제 갈 길 못 찾고
비틀거리며 허우적거리고 있구나.
중하고 가벼운 것 가리지 못하니
엎어지고 젖혀지고
먹물 또한 농담을 분간치 못하니
어찌 손끝만 탓하리.

조금씩 보인다

참으로 모르고 살았다.
창가 기대어 소리 없이 눈물지을 때
세상은 텅 비었고 온통 어둠이었다.

그 누구도 나를
손잡아 주지 않는다고
버려진 몸이라고 왜 나야만 하느냐고
원망과 불평으로 좌절하기만 했다.

어느 날 햇살은 내게 손짓하고,
질긴 생명, 고운 노란 민들레
보란 듯이 미소 짓고 있었다.

샛강 밑 얼음덩이 소리치며 몸부림칠 때
굽은 등 펴보지도 못한 노송은
가만가만 다독이며 손잡아 주고 있었다,

이제 보이기 시작한다.
또 하나 나의 모습
조금씩 아주 조금씩

흔적

푸른 바다가 바라보이는 카페
모처럼 기분 좋은 오후

아까부터 깔깔대던 젊은 여인
아이스크림을 먹는 연인에게
얼음이 동동 뜬 맛있는 커피를
나누어 주고 싶었던가
아차! 하는 순간
탁자 위로 떨어트리고 말았다
재빠르게 손수건과 휴지로
쟁반까지 깨끗이 닦아냈다.
종업원도 미처 보지 못했다.
순간 당황하는 남성에게
아무렇지도 않다는 듯
"흔적 없이 잘했죠?"라며 생긋 웃는다
서둘러 나가는 젊은 연인 뒷모습이 예쁘다.

문득 저 탁자 위는
과연 아무런 흔적이 없을까?
나도 입가에 웃음을 띄워본다.

낙엽

오랜 기다림이 있어야
아름다워질 수 있음을
왜 이제 알게 되었을까요.

찬비 내려 온몸을 적시고
삭풍 한설 견디며 꿋꿋이 버텨온 세월
외면하지 않고 쓰다듬어 주셨던 크신 사랑

쉽사리 망각한 채, 제 홀로 잘난 줄 알고
오만방자했던 날들
이제금 눈물로 후회합니다.

하나씩 벗어버렸습니다.
하나씩 덜어내어 가벼이 했습니다.
참고 견디어 지낸 세월

어느 날에 꽃피고 새 와서 노래하더니
고운 옷, 단장해 주시니
얼마나 감사한지요.

남은 고운 옷마저 벗겨 가신다 해도
다시 찾아 줄 녹색의 향연
연둣빛 고운 날개옷 입혀주실 것을 믿습니다.

4부

커피 한잔하실까요

커피 한 잔 마시며

가을 끝자락
텅 빈 공원에 앉아
쓰디쓴 커피 한 잔 마신다
노란 은행잎이 바람에 날려와
나도 조금 마시고 싶다고 앉는다

그래 우리 함께 마시자
이별은 언제나 서러운 눈물
파르르 떨리는 날갯짓
갈 길이 어두워 두려움 탓일까.
오늘은 내가 너를 위로 해주마

가다가 힘들면 설탕 한 스푼 넣고
주저앉고 싶을 땐 우유 한 스푼 넣어
달콤함도 느끼고 부드러운 연유로
온몸 구석구석 보듬어주렴
살아보니 인생은 커피 맛 같더라.

파란 하늘 흰 구름

얼굴도 기억에 없는 아빠
7살 어린 나이, 엄마마저 잃고
가까운 친척 부엌데기로 자라니
이 눈치 저 눈치로 나이 들었네.
태생이 곱고 마음이 후덕하니
보는 이마다 탐내더라.
20살 어린 나이 천생배필 찾았는가
분에 넘친 잘난 남편 만나
이제는 행복인가 했더니,
바람기 잘 날 없어 마음고생,
세월 흘러 그 남편 마음잡고,
애처가, 공처가 자칭하니
사람 사는 재미에 지난날 묻히네.

이름 석 자 외엔 한글도 모르니
얼마나 많은 세월 가슴앓이했을까?
누가 알까 두려워 돌아서서 훔친 눈물,
대입 검정고시 패스라니.
집안에 경사요. 자식들 만세삼창
빛바랜 공책 한 귀퉁이
비뚤비뚤 연필로 꼭꼭 눌러쓴
'파란 하늘에 흰 구름이 떠갑니다

해돋이

붉은 해가 떠오른다.
먼바다 파도 타고,
기암절벽 높은 산 너머
노송 사이 비집고
마을 앞 들녘으로 내려앉는다

가장 높은 곳에서
가장 낮은 곳으로
따스한 손길 기다리는 이들에게
소리 없이 다가와
미소 지으며 일러준다.

내가 너를
참 많이 사랑한다고.

빛바랜 수채화

하얀 미소가
솜털같이 피어오르고,
붉은 두 뺨 위
사랑을 그렸지.

앵두 같은 입술로
천사의 노래 들려주며
파란 하늘에 오색 꿈을 수 놓던
내 사랑, 숙아!

지금쯤,
은빛 머리칼 흩날리며
붉은 저녁놀에
고운 마음 물들어가고 있겠지.

구부러지고 좁아진 어깨 뒤로
사라지듯 도망치는, 아픈 모습
희미해지는 시야 속으로
서서히 잊혀 가는 그날들

물 위에 떠도는

아직은 남아있는 그리움
빛바래지는 수채화 한 폭
어루만지고 있을는지.

너와 나

어디서부터 온 줄일까
끊으려야 끊을 수도 없는
질기고, 질긴 그 줄
너와 나 우린
그렇게 한 줄에 묶여 있었구나.

한솥밥을 먹고
한 지붕 아래
같은 하늘 바라보며
함께 울고 웃으며
한 백 년 그리 살 줄, 알았지

언제부터인가
우린 서로 다른 방향 바라보며
마주 잡은 손에 힘주었던가.
사랑한다고 말했지.
마음은 허공을 맴도는데.

오랏줄보다 질긴 줄,
먼 길 돌아 다시 와 보니
앙상한 가지에 새싹 돋듯이
기다리고 있었구나.
끝이 보이지 않던 인연 줄

내일은 해가 뜰까?

잘한다. 잘한다.
뒤뚱뒤뚱
짝짝 짝 박수 소리
아장아장
씩씩하게 병정놀이
뒤질세라 옆도 뒤도 안 보고.
앞으로 내 닫기만 했다.
신기루는 늘 앞에서 손짓하고
헉헉 다 왔다고 격려하며 뛰었다.

타박타박, 터덜터덜
머물다 갈 순 없을까.
잠시 앉았다 갈 순 없을까.
두 다리엔 힘이 빠지고
멈추어 주저앉고 싶은데
버거운 몸뚱이 끌고
버텨주는 지팡이에 의지한 채
물결에 떠밀리듯 그렇게
오늘도 가고 있다.

내일은 해가 뜰까?

도로무익 徒勞無益

작은 키
앞도 뒤도, 보지 않고
달리고 또 달리다가
작은 나뭇가지에 부딪혔다.

위를 바라보지 못한
자신을 돌아보지 않고
짜증과 원망으로
빈 가지만 후려친다.

가시에 찔려 손에 피가 난다.
연유는 생각지 않고
남 탓만 하는 나
순간 부끄럽다는 생각이 든다.

헛되고 헛된 날들
모두가 내 탓이로다
늦은 후회일망정
그 또한 감사하게 받아들이자

세월

똑딱, 똑딱
새싹이 돋아나고
예쁜 꽃이 살며시 미소 짓는다
어느 순간 퇴색되어 잎이 떨어져도
멈춤 없이 시간은 간다.

결코 보낼 수 없다고
잡은 손 힘주어봐도
눈을 감고 도리질한다.
이 순간만큼은 영원하리라
굳게 다짐해도 소용없는 일

부정할 수 없는 시간은
어제
오늘
그리고 내일
그렇게 흐르고 흘러간다.

그런데도
나는 오늘도
거울을 보고 곱게, 화장한다.
어깨 펴고 씩씩하게
오늘을 살아내기 위해서

삶은 기다림이 아니다.

삶은
기다림이 아니라
다가감이라 걸
오늘 나는 알았다.

너무 많은 생각으로
두드리기만 한 돌다리
한 걸음이 두 걸음이 되고
두 걸음이 세 걸음 되는 여정.

때론
놓아야 하고
때론
보내야 할 때도 있음을,

귀밑머리 은빛, 물들어가고
아픈 허리 겨우 곧추세워
떠가는 뭉게구름
보고서야 알았다.

그래 산다는 건, 손잡아 주고

함께 울어주며 안아주는 것
내가 먼저 한 걸음
더 다가가는 것이다.

가을 끝자락

눈이 시리도록 파란 하늘
숨차게 달려 보고파
선유도를 찾았건만
소리 없이 추적이는 찬비에
빨갛고 노랗고 푸른 잎사귀
다투어 떨어져 쌓이더니
비비고 누워 끌어안네.
퍼즐게임을 하듯
모양 좋게 가리고 덮으니,
얹히듯 껴안듯 각양각색
밤새워 꿰맨 오색 조각보에
사랑 가득 채워 미소 짓네.

분명 낮은 그곳엔
행복이 가득하여
웃음소리 끊이지 않고
사람 사는 냄새 가득하니
천지가 꽃밭 천국이어라

가는 길

잡은 손
이리 쉬이 놓을 줄 뉘 알았을까.
바람 불어 좋고
눈이 와서 즐거웠던 그 날들
비 오면 우산 속에서 마주했고
삭풍이 휘몰아치면
가슴과 가슴을 맞대어 행복했었지.
추억 속 그날들은
퇴색되어 멀어져가건만
지금도 잊히지 않는 한마디
'다시 태어나도 당신과 결혼 할 거야'

너 그거 아니?

너, 그거 아니?

밤을 하얗게 지새우며
재미있게 읽은 소설
마지막 몇 장 남겨놓고,
아껴가며 읽어가던 재미
조금 더, 조금만 더
그 기쁨 오래도록 느끼고 싶어
읽던 페이지 접어놓고
다시 앞장부터 대충 읽으며
시간을 끌어보았던 기억

넌, 내게 그런 존재야,

가슴 깊이, 소중히 숨겨두고
행여 누가 볼세라
오래도록 아끼고 사랑하며,
손잡고 끝까지 동행하고 싶은 보물

엄니

마디마디 울퉁불퉁
참고 또 참으며 살아온 날들
밭갈이 논갈이
쇠갈퀴인들 견뎠으리.

이리 뛰고 저리 뛰고
끼니 걱정 학비 걱정
발가락 나온 양말
터진 신발 부끄럼도 없어라.

언 손 호호 불어
따사로이 안아주시던 엄니
그리운 모습 간데없어도, 그 온기
상기도 남아 언 가슴 녹여주시네.

소망

학처럼 고고하게
한바탕 원을 그리고 날고 싶었다.
고깔 쓴 중이 되어
외씨버선 들어 곡선 그리며
멋들어지게 승무를 추고 싶었다.

그러나 언제부턴가
내 몸은 내가 아니란 걸 알았다.
조정당하고 있음을 알았을 때
해방되고 싶은 처절한 싸움
의지를 불태우며 정신 차리자고
자신과 끝없이 전쟁했다.

창공을 날아보겠다는
허무맹랑한 꿈은 꿈일 뿐
어찌 맨정신으로
한바탕 춤을 추며 살아갈 수 있으리

참으로 감사한 날

어스름 저녁
산 그늘이 등성이 나무들을
서로 기대게 한다.
아슬아슬하게 스치고 지나쳤던 하루
온몸은 지치고 차갑다.

창가에 비스듬히 기대본다.
내리깔리는 눈꺼풀 사이로
주마등처럼 오늘이 지나치고
따스한 손길 고마운 눈길들이
잠시 머물다 간다.
고마움에 뜨거운 눈물이 흐른다.

산다는 건
살아간다는 건
미약한 우리에겐 늘 버거운 것
그런데도 언제나 찾아오는 기적 같은 손길
참으로 감사한 하루
사랑이 있기에 또 내일을 바라본다.

저녁해는 지는데

둘러봐도
손잡아 줄 이 없이
떠날 날 가까워지고
굽은 등 위로 저녁 해는 지는데
지나온 숱한 날들 돌이켜보니

작은 미물조차 터득하고 살거늘
눈물조차 부끄러운 작은 가슴
내가 먼저 손 내밀고
내가 먼저 안아주어
보듬어줄 줄을, 왜 몰랐던가.

지는 해가 내게 이른다
햇살조차 외면한 곳에
혹여 묻혀있을 사랑 한 줌 있거들랑
아낌없이 나누어주라 한다.
두 어깨 가벼이 짐 내려놓고
빈손으로 훠이훠이 가라 하네.

사랑은 그런 거였어

파란 하늘 흰 구름 타고
살포시 내려온 행복
피폐해진 가슴골마다
단단해진 돌멩이 골라내고
비료 주고 다독여주며
날마다 물주고 눈길 전해주었다.

연둣빛 여린 싹 비집고 나오던 날
생애 첫 번째 생일이라 하자
바람은 알맞게 살랑이고
고운 햇살은 눈 부셨다.
가슴은 살아 움직이고 흥겨웠고.
이유 없이 오래 참고, 긴 시간 믿어주었다.

사랑은 그런 거였어.
그리움 속에 작은 씨앗 묻혀
소리소문없이 다가오는 선물
자라서 열매 맺고 꽃 피워
다시 푸른 하늘 높이 날려 보내도
아쉬움 없이 행복한 미소 짓는 것
사랑은 그런 거였어.

소국이 환하게 웃던 날

노란 소국이 황홀하게 피던 날,
그날은, 빨간 단풍이 눈앞에서
아름답게 떨어졌습니다.
그건 단풍이 아니고
당신의 뜨거운 입김.

노란 소국의 그윽한 향에
뇌세포마다, 정지되던 날
끝도 없던 그리움의 나래
닿는 손길마다 기쁨이고
그윽한 푸른 달빛 아래
억새가 서걱대던 동산의 갈바람은
길 잃은 아기 철새의 겨드랑이
솟아나는 날개였습니다.

내 안에서 꿈틀대며,
발버둥 치다 끝내는
제 홀로 떠날 준비 하더니
가벼운 손짓 하나로 가고 말았습니다.
그날은 고통의 날이 아니고
바로 환희의 하루였습니다.

갈대

갈대숲을 헤매다 길을 잃고
흐느끼며 울다 깨어났다.

그런 후, 어느 날 밤.
갈대의 흔들림이
오래전 잊고 있었던
내 안의 그리움이란걸
나는 알았다.
모진 바람에 꺾이지도 못하고
까맣게 타들어 가는,
심연 끝 울음인 것을
그 밤 나는 알았다.

산다는 건
"속으로 아프며 사는 거란다.
인내하며 세월 보내면 알게 될 거야"
어머니의 말씀도 그 밤 나는 알았다.
은빛 머리 날리며 흔들리다 멈추고
멈추다 흔들리며 가을 햇볕 몸으로 받아
괜찮은 척 반짝이며 사는 거란다.

갈대의 울음을 들을 줄 알아야
비로소 인생을 아는 거란다

무에 그리 잘 났다고

옛 성현의 말씀에
진정 멋진 대화를 하려면
한번 말하고
두 번 들어주고
세 번 크게 고개를 끄덕이라 했지.

오늘 또 우愚를 범하고 말았다.
무에 그리 할 말이 많다고
무에 그리도 잘 났다고.

세 번 가슴에 묻어두고
두 번 그 사람 말을 따뜻이 들어주고
한 번만 조용히 이야기 할 것을.

바보

배가 아프다
내가 못나서일까
네가 잘나서일까
자꾸 배가 아파온다.

머리가 아프다
앞길이 멀기만 한 게으른 나
앞서가는 부지런한 멋진 너
자꾸만 머리가 아프다.

못나고 게으른 나
잘나고 부지런한 너
추운 겨울은 똑같이 온다는 걸
알고 나니 몸이 상쾌하다.

5부

모과차 한잔하실까요

모과차 한 잔 드실까요

"여보!
간밤에 기침을 많이 하던데
감기 기운이 있는 거 같으니 모과차 한 잔 드시겨."
내년이면 구순九旬이신 옆집 어르신이 88세이신
할머니에게 정성껏 모과차를 끓여 드리신다.
할머니는 행복한 미소를 보내며 내게도 권한다.

누군가 과일 망신은 모과가 시킨다고 했던가
울퉁불퉁한 외모만 보고 큰 잘못을 했군.
향긋한 모과 향이 콧속을 지나 머리로 가슴으로
마구 밀고 들어온다.

"감기도 치료해 주고 아픈 목에도 좋아요. 모과청을 해놓고
  음식에도 넣고, 따끈한 차로 마시면 만병통치라오."
  사랑스런 눈으로 고운 할미 바라보며 연신 어여 마시라고 재촉하신다.

모과 좀 많이 사서 모과청 만들어 애들한테 보내야지
아! 승용차에도 몇 개씩 넣어주면 좋겠지.
  좋다는 거 들으면 바로 자식들 생각부터 나는데
  자식들도 어미 생각부터 할까? 혼자 씨익 웃고 만다

울산바위

크고 작은 험한 산
수 없이 밀어내고 들이민다.
순간에 안녕을 고하려 하고
흔적 없이 사라지더니 가엾은 몸채 보란 듯
의연히도 버티는구나.
날름거리며 서산으로 져가는
붉은 노을 동승 하려 함인가.
나는 아직 여기서 통곡하고 싶은 마음인데
어쩌면 넌 나를 비웃듯 쉬이 발길 떨어지더냐?
전생에 인연 있어 너와 나 이어졌거늘,
네가 있어 나 있기에
오늘 여기서 울음을 삼킨다.
산다는 건,

많은 아픔이지만 기쁨도 있었다고
아주 가끔은 행복했었노라고
힘든 말, 입 밖에 내지 말자
붉은 노을 가슴에 안기기 전에
우리 함께 너털웃음 웃어보자

등불

어두운 잿빛 하늘
오늘도 비가 온다는 예보
비가 온들
해가 뜬들 대수랴.

내 마음 안에
밝은 등불 하나 걸어놓고
기쁨도 행복도
스스로 즐기면 될걸

탐욕

살아온 연륜만큼 빛나는 존재
누군들 소망하지 않을까.
샘솟듯 영롱한 글도 쓰고
영혼을 담은 생생한 사진도 담고 싶고
올곧게 살았노라고 붓끝에 힘 모아
부끄럼 없는 좌우명도 쓰고 싶은데
어느새 탐욕만 늘어
과정보다 결과에 집착하고 있는가.

한 땀씩 수를 놓듯 쌓아 가다 보면
씨줄 날줄 아름답게 어우러져
멋진 한 폭의 인생이 그려지려니
초조해하지 말자.
욕심부리지 말자
포기하지도 말자

뭐 그리 대수랴
공작의 깃털에서 그친들.

12월

떠나는 마음도
보내는 마음도
쉬이 발길 떨어지지 않아
얼마나 안간힘을 썼던가.
희뿌연 안개 속에
나비처럼 흰 눈이 날아들던 날
잊고 있었던 그 옛날 생각에
봇물 터지듯, 무너지고 말던 독기
그렇게, 수 없이 겨울은 오고 갔다.

다시금 맞이하는 12월
검은색 흰색으로 변하니
돋보기 손에 들고 찾아다니다가
달랑 한 장 남은 달력을 바라보며
심장이 멎는 듯 오도 가도 못했다.
멈추어 다시 생각하니
가고 나면 다시 오고
오면 또한 가는 것임을 알겠네.

그래 12월은 마지막이 아니고
새로운 시작이었구나.

발자취

어느 날
잠시 머물러 돌아보니
난 누군가의 뒤를 따라 걷고 있었다.
그 길이 꽃길인 줄만 알았기에
무작정 걷고 또 걸었다.

걷다 보니 돌부리 채이기도 하고
무작정 달리다 보니
바위에 부딪혀서 다치기도 했다.
가끔 방향을 찾지 못해
헤매기도 하였다.

꽃을 피우기까지 과정은 접어두고
밝고 환한 예쁜 꽃잎만 본 거야.

꿈인 듯 생시인 듯
-노숙자·2

눈을 감아도
눈을 떠도
꿈인 듯, 생시인 듯 지나간 날들
남은 거라곤 개도 쳐다보지 않을
누더기 몇 벌에 헌 신문지 몇 장
피해 다니는 사람들 눈치 보기 싫어
구석진 곳 찾다 보니 지하도 하수구 옆

맨정신엔 푸른 하늘 바라볼 염치 없어
몇 푼 생기는 대로 밤낮없이 입에 대는 소주병
초점 없는 희멀건 눈동자
무엇을 찾아 헤맬까?
하얗게 지우고 싶은 후회스러운 지난날들일까?
산모롱이 지나 모락모락 저녁연기 나는
고향 집 싸리문 앞에서 손 흔드는
흰 수건 머리에 쓴 어머니 모습일까?

간절곶

어느새
두 손을 모으고 서 있다.

눈도
귀도
마음도
오직 바램 하나
부끄럽고 염치없지만
용서해달라고
소리 없는 기도가 닿을 수 있기를
숨죽이고 염원해 본다.

어쩌랴,
많이 부족하고
욕심으로만 가득한 속내
누가 누굴 탓하리.
내 언제 그 누굴 위해
이토록 간절히 기도해 본 적이 있던가.
어쩌면 우리 모두 죄인
간절함은 닿지 않는 곳이 없고
이루지 못함이 없다는 것을 믿는다.

짱뚱어 잠퉁이

그리도 텀벙대며 잘도 뛰어놀더니
오는 발걸음 알아챘음인지
부끄러움에 갯벌 아래 온몸 묻어
튀어나온 눈망울만 굴리며
숨죽여 바라봄인가.

서로 시샘하며 싸움질하는 인간 보기 싫어
깊은 잠에 빠졌음인가.
겨울잠 푹 잤음도 하련만
갯벌 위에서도 온몸으로 생존경쟁 하는
네게 새로운 소식은 늘 두려움이리.

양식 짱뚱어라니,
잘도 만들어내는
욕심쟁이 인간들
오늘은 많이도 미웠나 보다

유네스코 생물권 보전지역
청정한 삶의 터전 영원하길
바람의 말에 햇살 이야기에
귀를 열어 너희들과 친구 해주마.

농게와 동무하며 오래도록 곁에 있어 주렴
잠퉁이 퉁이 짱뚱어야,

신호등

앞만 노려보고 한참 기다린다.
두 주먹 불끈 쥐고
그리 배웠다. 한눈팔지 말라고
초록 불이 켜졌다.
이제부터 달려야지
어른들이 빠른 걸음으로 지나간다.
가방 멘, 언니 오빠들도 달려간다.
모두 무척 바쁜가 보다.
앞에서 기다리시던 할머니께서
힘들게 한 걸음 한 걸음 내디딘다.
점점 따라오질 못하신다. 어쩌지
꼬마는 뒤돌아서서 뛰어간다.
할머니를 부추기고 왼손을 높이 든다.
그리고 천천히 앞으로 나간다.
걱정 어린 표정 그러나 당당하다.
빨간불이 켜졌다.
그러나 한쪽에 서 있던 버스도
반대쪽에 머물렀던 택시도 소리 없이 기다려 준다.
안전하게 꼬마와 할머니가 건너고 나서
아무 일도 없었다는 듯이 거리는 활기차다.
할머니는 연신 고맙다고 꼬마에게 손 흔들고
꼬마는 노래를 부르며 골목으로 사라진다.

요양원 할머니

아픈 데는 한 군데도 없으시단다.
뛰어다닐 수도 있단다.
다리도 팔도 튼튼하시다고 한다.
무엇이든지 씹어 먹을 수도 있으니
치아 또한 그런대로 건강하단다.

다른 사람 이야긴 들을 필요도 없다
단지 초점 없는 눈을 들어
수없이 묻고 또 묻는다, 누구든 붙잡고,
'우리 동네 언덕배기 길 다 고쳤우?'
'이젠 차가 다니우?'
'우리 아들 온 대유?'
'내 신발, 신발 찾아 줘.'
'올 거야, 오늘은 우리 아들.'
'어미 찾아올 거야, 꼭.'

아마 오늘도,
요양사 선생님들 붙잡고
묻고 또 묻겠지.

마음의 문

내 나이 열 살 때
학교 가기 싫다고 떼를 쓰다가
문밖으로 쫓겨났다.
왜 그리도 두렵고 무섭던지.

내 나이 스무 살 때
어렵게 들어간 대학 문
요술의 문이리라 믿었기에
얼마나 어깨가 으쓱대던지

내 나이 서른 살 때
첫 아이 낳고 문고리 붙잡고
하염없이 울었지
엄마도 이렇게 힘들었겠지.

내 나이 마흔하고도 쉰 살
30여 년 다니던 직장 퇴직하고 다짐했지
스스로 닫고 열 수 있는
나만의 열쇠를 꼭 가지리라고

그럭저럭 세월은 흐르고

내 나이 칠십
그때, 그 시절이 그리운 건
이제는 여닫을 수 있는
마음의 문이 모두 닫힌 탓이리

젊은이 고마워

오로지 폐지 한 자루 모으려고,
이 칸, 저 칸 옮기는 지하철1호선 할아버지
세월이 지나간
구부러진 허리 위로
살며 살아가며 얹힌 삶의 멍에
한 몸 지탱하기도 힘들련만,
골 따라 흐르는 구슬 같은 땀방울
씨익, 웃음 지으며
손등으로 닦으신다.
'젊은이 고마워, 잘 가요.
혼자 했으면 아직도 멀었을 텐데.'

머리를 긁적이며 연방 뒤돌아보는
젊은이의 눈에 안쓰러움이 가득하다.

생명

산다는 것이
외롭거나
힘들거나
고통이라고 말하지 말자

때론
숙명처럼 다가오는
참을 수 없는 만큼의 아픔이라도
겸허한 마음으로 안아주자.

살다 보면,
기쁜 일도 있지 않던가.
누군가에게 주어진 하루가
또 누군가에게 주어진 이틀이

얼마큼
소중한가를 안다면
주어진 오늘이
얼마나 감사한가.

투정

손을 벌리면 손이 잡히고
조금만 기울이면 어깨가 맞닿는 거리
앞을 보아도 옆을 보아도
다가서듯 막아서는 벽과 벽
숨이 막힐 듯해서 발돋움도 하고
밀쳐보기도 했던 날들
그런 날들 속에서 무슨 생각을 했던가.

너무 가까워 조금만 멀었으면 했다.
그러나
내 이제야 알겠네.
손이 닿는 거리에서
손을 잡고 토닥이며
어깨를 기대고 부대끼던
그래서 숨결이 느껴지는 간격

얼마나 따스해서 좋았는지
눈으로 마음을 나누며
함께여서 즐거웠고
우리여서 기뻤던 날들
지나고 나니 후회뿐
모두가 부질없는 투정

물꼬 · 2

적은 김장이지만 끝내고 나니
허리가 끊어질 듯 아프다.
팔다리 모두 쑤신다.
끙끙 소리가 절로 나온다.
"아니 그렇게 소리 내면 덜 아픈 거야,
앓는 소리 듣기 싫구먼"

보기 싫어도 그리 보기 싫을까
얼떨결에 말해놓고 미안했던지
자꾸만 말을 걸어온다.
말대꾸조차 할 가치가 없다고 마음먹고
씩씩대며 돌아눕는다
뒤에서 슬쩍 어깨를 주물러준다.
뿌리칠 힘조차 없다
그만 물꼬를 터 줄까?

체념

붉고 노란 잎사귀 위에
등을 대고 누워본다.
할 일은 아직도 많은듯한데
아무것도 하고 싶은 일이 없다.
손을 놓자니 허해서 가득 담고 싶고
끌어안아 보자니 너무 무거워
두 눈 감고 다시 생각해 본다.

심호흡, 하고
평정심을 찾아보지만
이미 고삐 풀린 망아지 모양
생각의 나래는 끝없이 헤맨다.
아무리 주먹을 쥐었다 펴보아도
모두가 허상임을 왜 모르겠는가.
흉한 몰골로 버티려 하지 말자.

내려놓아야 감사를 알듯이
가을엔 버린다는 의미를 배우자

국화차 한 잔으로

긴 겨울밤
국화차 한 잔으로 꽃을 피우고
밤이 새도록 이야기하면
바삭거리도록 말라비틀어진
가슴속 깊은 슬픔
따뜻한 기운에 속절없이 풀어지리

아픈 사연일랑 포개어 접어두고
넓은 가슴 내밀어
보듬어주고 안아주어
비운 뒤 채워지는
사랑의 진리를 하나씩 배워가자

까불어지는 등잔불 아래서
그 시절 내 엄마가 그러하셨듯
깊은 한숨에 지난날 묻어두고
창가에 마지막 잎새 잠시 들렀다 가도
오늘 네가 내게 있어 행복하단다

가을의 기도

나뭇가지 사이로 고운 햇살이 내려앉고
잎새마다 갈바람이 다가와 속삭입니다.
노랗게 붉게 물들어 성숙해지려는
마음 밭에 이름 모를 새 한 마리 날아와
잠시 머물다 더 높이 날아갑니다.
갈 길은 멀고 해야 할 일들은 아직 많은가 봅니다.
머지않아 붉은 노을 산등성이 넘어가고
초저녁별 반짝이는 어둠이 찾아오면
은빛 반짝이는 침묵 속에 내려앉을 달그림자
그 속엔 아직도 옥토끼 떡방아 찧고 있겠지요.

가을,
눈을 크게 뜨게 하시고
귀를 넓게 열게 하시고
마음을 뜨겁게 달구게 하소서
그리하여
사랑한다는 말을 아끼지 말고 자주 하게 하소서
주어진 모든 것을 아낌없이 사랑하게 하소서.

그걸 몰랐구나.

가을답지 않은 겨울 초입
찬바람이 볼을 때린다.
허술히 입은 앞섶 사이로
동장군이 서서히 입장하던 날
앞 단추를 야무지게도 달아건다.
질세라 볼을 때리고 도망가는
아 바람아!
가슴에 든 피멍은 어이하라고
눈가에 가득 고인 눈물들
갈 곳을 잃었구나.
두 주먹 불끈 쥐고 다짐한다.
이대로 물러설 수 없노라고
지퍼를 닫고 날카롭게 이빨을 갈아본다.
잠시 따스한 고운 햇볕 어깨를 다독이니
앞 단추 열어 응어리진 가슴을 내밀고
고운 눈매 입가에 미소 지으니
따스한 사랑이 매몰찬 비바람 이기고
배려의 손길 아름다운 미소 짓게 하고
용서의 몸짓이 우리를 하나 되게 했구나.

6부

따끈한 매화차 한잔하시죠

매화차 한 잔

매운 눈서리 이겨내고
곱게도 그리듯 피워낸 매화야
너를 따는 손끝마다 사랑 한 줌 얹어
두 손 모아 조심스레 소쿠리에 담았지
살살 한 잎씩 손질하여 몇 번을 덖고 또 덖었단다.
혹여 예쁜 꽃잎 떨어질세라
내 사랑은 온통 네게 향했지
천사 같은 고운 모습 놓칠세라
온 정신 몽롱해지는 그 향기 잃을까 봐 전전긍긍

따스한 물에서 한 잎씩 피어나는 고운 자태
입안에서 해무 걷히듯 피어나는 매화 향
보고 느끼기 위해 쏟은 정성은 어느새 사라지고
매화차 한 잔에 천국인 듯 취해 버렸구나.

빈집

그런 날도 있었다.
눈부신 아침햇살 창가 기웃거릴 때
이름 모를 새 한 마리 제 먼저 와서 인사하고
구수한 된장찌개 두툼한 두부 한 점
살갑게 얹어 주시던 주름진 할머니 손길
유난히 길었던 할아버지 수염 끝 뽀얀 막걸리 흔적들
메주 쑤던 날 들큼하고 고소함에
혼나면서도 먹고 또 먹어 얼마나 고생했던지
작은 바구니에 그득했던 소꿉 양식
배추 꼬랑지, 무, 고구마, 누룽지
빤들 한 봉당 한구석엔 할머니가 주워 오신
동글동글한 공깃돌, 늘 웃으며 반겼지
작은 체구에 질질 끌던 책가방
어느새 다가와 채가듯 들고 앞서가던 철이
심통 난 순이 말도 안 하고 앞서가고,
논두렁 밭두렁 철 따라 피고 지던 들꽃 사이
밥그릇 엎어가며 따라오던 초롱이
돌멩이 주워 쫓고 나면
어느새 왁자지껄 학교 운동장
수업 끝내고 신바람 나게 달려가
사립문 열고 '엄마' 부르면

하얀 앞치마에 흰 수건을 쓰고 일하시던 엄마
어느새 달려와 안아주시며
'에구, 막내 왔구나, 배고프지'
그곳엔 인자한 엄마도,
꼬리 흔들어주던 초롱이도,
가방을 들고 달아나던 철이도 없다.
따사한 햇살 대신 저녁노을만이 감나무에 걸쳐 있었다.

여인女人

쪽 찐 머리 가르마 정갈한 여인
옷소매에 달고 살던 눈물방울들
팔자려니 다짐하며 매무새 가다듬으셨지
연기처럼 사라진 파평윤씨 양반
가마 타고 시집올 때 따라온 식솔들
산등선마다 꽃 대궐 차릴 때
하나씩 둘씩 대처로 떠나보내고
남은 건 회한 보따리 오색 조각보
청상과부 듣기 싫어 숨어 살던 50여 년
장한 아들 곁에 두고 며느리 손자 손녀
함께 사니 어깨춤이 절로 나셨겠지.
세모시 옥색 치마 놋그릇 챙기시며
떨어진 무명 적삼 손끝에 달고 사시니
입버릇처럼, 헌것이 있어야 새것이 있다고
가고 안 계신 지금, 그리움으로 다가오는 당신
눈에 넣어도 안 아프시다던 손자 손녀 어이 두고
뼈를 깎아 키우시던 그 아들 어찌하라고
구천 길 멀리 홀로 훌훌 떠나셨는지,
옷장 서랍마다 숨겨두셨던 손때 묻은 지폐들,
누구를 위해 허리 동여매고 사셨던가.
깊은 산사 찾아 불공드리실 때

당신은 어디 두고 자식 잘되기 백팔 배로 대신하니
굽은 허리 한번 펴보지 못하신 채
그리도 바쁘신지 꽃단장 한번 제대로 못 하시고
손짓 한 번에 이별을 고하셨네.
지금 그곳에선 편안하신지?
(지금은 고인이 되신 시어머님을 그리며)

눈[雪]

하늘에서 내리는 눈이
당신 사랑이라면
온밤 지새워 맞아도 좋으리
열흘 일 년 아니 영원해도 좋으리

목덜미를 간질이며
오목한 가슴골로 흘러내리는
눈雪물로 온몸 구석, 구석 흠뻑 적셔도
그 사랑으로 나 행복하리

순백의 사랑으로 하여
작은 흠집에도 금이 가고 피가 나도
사랑으로 치유될 수 있는 그 사랑 안에서
깊은 산골 이름 없이 살아도 좋으리

당신의 눈물이 마음과 마음을 이어주고
햇살에 흘러내리는 눈물 바라보고
부자인 양 으스대며
흔적 없이 사라진들 어떠리

고통 없이 얻어지는 행복이 없듯이

녹아 스며드는 사랑으로 하여
세포마다 일어서는 기쁨으로
오직 사랑으로 나 살리라

넌 역시 멋쟁이

빛의 예술이 카메라던가
피사체를 가두고 재생시키고
보이는 그대로 형상을 기억할 뿐이다.
이미지를 위해 존재하는 카메라
꾸밈없이 있는 대로 보여주고
자신을 속이지 않고 충실하다니
정말 신기하다
맡은 바 임무를 충실히 이행하고
철갑 속에 자신을 가둔 채
오직 바람은 멋진 사진 한 장
억센 손길에 굴하지 않고
헛된 유혹에도 흔들릴 줄 모른 채
그래 그렇게 사는 거야,
넌 역시 멋쟁이

인연의 고리

찬 바람이 가슴을 파고든다.
12월이란다
아직도 못다 지킨 약속들
쏘아 논 화살 앞에서 속수무책
미워하지 말아야지
이해하며 살아야지
나를 아주 많이 사랑해야지

너와 나, 인연의 고리들
하나같이 귀하고 소중하지 않던가
보이지 않는다고 들리지 않는다고
떨쳐버릴 수 있던가.
오늘 또 가슴을 치며
자괴감에 빠진다.

그러나 다가오는 내일이 있기에
오늘 새로운 계획을 세운다.
더 많이 나를 타이르며 인내하리라
더 많이 사랑하고 감사하리라
손에 손잡고 걷다 보면
어디선가 닿을 날 있겠지.

1월

하얀 도화지에 그림을 그린다.
산도
들도
초가집도 그린다.

꽃과 나비와 새들이 있는
아름다운 숲을 그린다.
밭도, 논도 그리고
이랑 사이로 날아다니는 나비도 그린다.

엄마 아빠,
심술쟁이 동생과 멋진 오빠도 그린다.
김이 모락모락 나는 밥상에 앉아
오순도순 이야기 나누리.

외양간의 엄마 소는 송아지 손잡고
돼지우리 살진 돼지는 새끼들과 꿀꿀
닭장엔 토종닭과 병아리들 삐악삐악
서로 어울려 웃으며 살아가리

그림 같은 날들이 어서 오라고

아름다운 색으로 하나씩 채색하며
꿈을 그리고
희망을 그린다.

마지막, 그다음

철렁 가슴이 내려앉는다
왜 마지막이란 단어는 이토록 시린 걸까
새날을 맞이하며
한 겹씩 벗어버리는 남루한 옷가지들
훌쩍 벗어버리고 나면 홀가분할 줄만 알았지
싸아 해지는 가슴 한켠.
나도 모르게 하나씩 주워 입는다
소름 돋던 살갗들이 차분히 가라앉는다

새날을 맞이하며
수평선 넘어 솟아오르는 태양만 보았지
비껴가던 노을의 따사한 미소는 잃었던 거야
어제가 있어 오늘이 있고
오늘이 있어 내일이 있음을
능선 넘어가는 나이가 되어서야 조금 알 듯하다.

그물망 같은 우리 삶,
그 시작을 오늘 또 생각해 본다.

하늘을 나는 새처럼

푸른 하늘 그 너머엔
오랜 소망의 끝이 있을까?
모진 비바람 피해
쉼 없이 오르내린 날갯짓

빛나던 은빛 날개
눈비 젖어 무겁고, 초라해지니
가던 길 주저앉고 싶은 적, 한두 번이던가
멈추지 않고 더 높이 날 수 있음은

믿음으로 지켜주고
격려로 보듬어준 가족이란 울타리
엄마로 여인으로 용기를 잃지 않고
사랑을 아는 인간으로 살고 싶음이리

눈물

오늘은
눈雪이 고운 햇살에 녹아내린다.
그토록 목 놓아 울고 싶어 하더니
비로소 한恨을 푸는 날.
소리는 바람결에 하늘로 올려보내고
골 되어 줄줄이 흐르는구나.
바보 천치 같으니
눈보라 휘몰아치던 까만 밤
목청껏 소리 내 울지 않고
오가는 이 발길에 차이며
엎드려 숨죽여 우는구나.

내일은 새순 돋고
내일은 꽃이 피겠지
숨어드는 축복의 손길 있어
고운 새도 소리 높여 노래하겠지

아, 그거였구나

참 많이도 힘들었을 거야
춥고 배고프고
모진 비바람에 흔들리기도 했지.
가지 위 얹힌 고통의 무게만큼
숨인들 어디 제대로 쉴 수 있었을까
안간힘 쓰며 버텨온 세월
어디 한번 보자꾸나.
잘려 나간 가지에 새살이 돋았는지
떨쳐버린 잎사귀 자리엔
실눈 뜨고 새싹이 자리매김하는지
살갑게 입김 불어 입맞춤해 주는
싱그러운 바람 따라 따스한 햇볕
옹이진 가지 사이로 손 내밀어주니
파르르 떨리는 숨결 따라
이제, 그만 일어서거라
누가 질세라
눈 비비며 앞장서거라
어제는 오늘을 기다려서 설렜고
오늘은 꽃피는 내일이 있어 행복인 것을
푸른 봄날이 있어 견디어낸 아픈 겨울이었구나.

엄살 부리지 마

친구야!
아프다고 엄살 부리지 마
땅거미 져가는 고갯길에
목발 하나 의지한 채
뒤뚱이는 노인을 봐
저녁 한 끼 때우려고
위태롭게 흘리고 주우며
폐지 얹힌 손수레 밀고 가는
등굽은 백발 할머니 손 등을 봐
한때는 꿈을 안고
한때는 희망을 품고
눈물로 베갯잇 적시며
밤을 지새웠을 그들의 긴 그림자
아직은 갈 때가 아니라고
할 일이 남았노라고
씩씩하게 가고 있잖아
힘들어 멈추고 싶다고 말하지 마

*파킨슨병으로 투병 중인 초딩 친구에게

가을비 속으로

지붕 위 떨어지는 빗방울
둔탁한 타악기 소리로 밀치고 들어와
희뿌연 미로 속으로 손잡아 인도한다.
검정 맹꽁이 운동화
땟국 절은 단발머리 소녀,
까만 눈동자 봉숭아 꽃물 같던 소망들

앞집 철수 행여 우물가 나타날까
고개 빠끔히 내밀어 기다리는데
오지 말라는 빗줄기 점점 굵어만 지고
먹구름 까만 하늘에
기도하는 간절한 소망
꿈 실어 보내던 분홍빛 마음

지게에 걸친 양철 물
찰랑이던 넘치는 보랏빛 바램
어깨너머 짊어진 삶의 무게 이제야 알겠네.

창가에 매달린 붉은 단풍 그리움
깊어 가는 가을 속으로
먼 그날들이 실루엣처럼 흘러간다.

푸념

장롱을 뒤진다.
작년 여름에도
올해도 들었다 놓은 옷가지들
나름 챙기고 버리고
잘하고 사는 줄 알았건만
이젠 지쳤다.

훌훌 털어버리고
달랑 몸뚱이 하나만 가지고
푸른 하늘을 날고 싶다.
파도에 씻긴 가벼운 몽돌이나
말갛게 헹구어진 조약돌 되어
그렇게 무심하게 떠나고 싶다.

쉬이 떠나지 못함은
아직도 남은 욕심 때문인가,
미련한 미련 때문인가.
아마도
늙은이 푸념으로 남아
내일도 그리하며 살겠지.

기다림

소리 없이 비가 내린다.
설레는 마음으로
턱을 괴고 조용히 기다린다.

살며시 잡아주는 손길
넌지시 바라보는 눈길
말없이 안아주는 가슴
편히 기댈 수 있는 넓은 등
넉넉한 따스한 사랑

바로
봄을 기다리는
이유인 게야

내 나이가 어때서

오랜만에 만난 코흘리개 친구들
순댓국에 막걸리 한 잔 마시고
오랜만에 찾은 노래방
"몇 년 됐지, 노래 안 부른지도"
"이젠 늙었어,
노래는 무슨 노래야"

에구 제목도 안 보이네
가사는 가물가물
"니가 먼저 불러라"
서로 마이크를 전한다.

쿵작쿵작 전주가 나오자
어느새 서로 마이크를 뺏는다.
"내 나이가 어때서"
목청껏 소리를 지른다.

엉덩이 들썩들썩
어느새 합창이 된다.
그래, 그럼, 그렇지.
내 나이가 어때서

진심을 전하리라

새벽잠에서 깨어
문득 그리운 얼굴들 떠올린다.

못다 한 사랑, 미련인가
왜 좀 더,
목이 타서 침 한번 꿀꺽 삼킨다.
때늦은 후회
무슨 소용 있으리.
조바심이 난다.
주위를 둘러보니
지금 내 곁에 있는 소중한 사람들
내일은 어깨 한 번 보듬어주고
손 한번 꼭 잡아 주리라
고맙고 감사하다고
멀리 있는 이들에겐
안부 전화 꼭 하리라
사랑한다고 아주 많이 사랑한다고

첫사랑

넓게만 보이던 어깨
유난히 좁아 보이고 짓누르던 군모
왠지 눈에 밟히던 날
설렁탕 한 그릇 시켜놓고
철부지 여인 앞에 내밀며
부대에서 먹고 왔으니 어서 먹으라고
얼굴만 보아도 배불렀음일까?

미국에 이민한다고 찾아왔다.
그날은 주머니에 1인분 밥값밖에 없어서
배고픔을 참고 나만 주었노라고,
바보! 너도, 나도 바보였구나
숟갈 하나 더 얹어 나누어 먹었으면 좋았을 것을
수면 위에 있는 기쁨만 나풀대며 날아다녔지.

사랑이 어떻게 변하냐고 도리질했지.
믿음과 좌절 회한에 번민하던 날들
강물은 흘러 흘러 바다로 가고
모난 돌 부딪치며 예쁜 조약돌 되었네.
귀밑머리 허옇게 물들어
석양에 힘없이 나부끼니
이제야 보이는 찬란했던 아름다운 그 시절

그 하루

소중한 사람 보낸 것도
그 하루였다.
맞이하고 뛸 듯이 기뻤던 그 날도

유난히 햇살이 따가웠던
그 해, 여름 한낮
비바람 몰아치고 우산대 꺾이던 날도

그날도 오늘처럼
내 마음 빈자리는
무엇으로도 채울 수 없었다.

그 하루
그 하루에
세상 무수한 일들이 일어났구나.

■ 평설

탁월한 문학적 감성과 놀라운 부활 의지
-왕영분 시인의 시집을 통해 보는 상생의 시학

이 광 녕
(문학박사, 문예창작지도교수)

　청란靑蘭 왕영분 시인은 시인 중의 시인이다. 그녀의 안중에는 무한한 시상의 세계가 뭉게구름처럼 몰려다닌다. 작은 체구에서 줄줄이 울려나오는 감성적 언어는 거대한 산맥을 이루고 독자들의 메마른 가슴을 촉촉이 적시며 감동시킨다. 그러기에 필자는 그녀를 '작은 거인'이라고 명명하곤 한다.
　필자는 청란시인의 시집 『참나리, 사계를 살다』(2010년)와 『쉬었다 가렴』(2022)을 서평한 바가 있다. 청란 시인의 주옥같은 글들을 읽으면서 한결같이 떠오르는 인상은 '해맑은 영혼의 샘터에서 흘러나오는 깨달음의 미학'이라는 생각이다. 혼탁하고 야박스럽고 매몰찬 거친 세상살이 속에서 어찌 청란 시인 혼자만이 청순하고 고고할 수 있단 말인가? 필자는 그녀가 여인으로서 감당하기 어려운 모질고 험난한 인생길을 걸어왔다는 것을 잘 알고 있는데, 어찌 그리도 속에서 우러나오는 시심은 해맑고 밝고 긍정적일 수가 있단 말인가? 그녀의 작은 가슴에서 울려나오는 영혼의 소리, 평범 속에 진실이 발견되는 금빛 언어들의 속삭임에 그녀의 주변에는 소망의 등불이 줄줄이 켜져 있다.

청란시인의 작품세계 전반을 세세히 다 둘러볼 수는 없으나, 그녀의 대표작들만을 선정하여 그 특징과 성향을 조명해 보고자 한다.

1. 어울림, 그 여성적 상생의 아름다움

청란 왕영분 시인은 문단생활에서 대인관계가 원만하고 부드럽다. 누구든지 맑고 밝고 친절한 그녀에게 호감을 갖고 다가서기를 좋아한다. 일찍이 시경의 가르침에 '온유돈후시교야溫柔敦厚詩教也'라고 하였는데, 시인으로서의 온유하고 도타운 품성이 그녀를 더욱 돋보이게 한다.

> 마르고 비틀린 잎들이
> 따스한 물속에서 / 참새 혀처럼 기지개 켠다.
> 정겨운 향 따라 / 다소곳이 얼굴 디미니
> 스멀스멀 세포들이 일어선다.
>
> 쌉싸래한 맛이 입가에 맴돌고
> 그리운 얼굴 / 자꾸 뒤돌아보라 한다.
> 세월 속에 소원했던 우리 사이 / 이제 가까워질 수 있을까?
> 방안 가득히 넘실대는 그리움 / 오늘은 쓰디쓴 작설차 한

잔으로
바다같이 넓어진 내 마음
용기 내어 따스한 손 내밀자
- 「작설차를 마시며」 전문

맑고 밝은 사람을 대하면, 무슨 일이든지 다 해결될 것 같아 늘 마음이 편하다. 청란 시인이 바로 그렇다. 흔히 까칠까칠하여 따갑고 거북하게 느껴지는 그런 스타일과는 정반대다. 성품이 온유하고 부드러워 그런지 늘 양보와 배려와 겸손한 웃음이 그녀의 몸에 띠를 두르고 있다.

위의 글에서도 나보다 남을 먼저 생각하는 이타심이 중심을 이루고 있다. 참새 혀 닮은 작설차를 마시며 그 그윽한 향을 음미하니 그리운 얼굴이 자꾸 뒤를 돌아보라고 한다. 화자는 세월 속에 소원했던 벗님네를 떠올리며, 이쪽에서 먼저 용기를 내 손 내밀어 가까워지기를 바라고 있다. 사실 지는 것이 이기는 것이기에, 대인은 이기기보다는 져주는 쪽을 택한다. 작설차의 은은한 향내를 음미하면서 마음을 넓히고 상대방을 포용하려는 화자의 인품의 향기가 더욱 짙게 풍겨나는 아름다운 작품이다.

허리 굽은 노부부 손잡고 올라탄다.
빈자리가 마침 하나 눈에 들어온다.
"어서 천천히 앉으시구려 내 걱정은 말고"

옆에 앉았던 중년 남성
재빠르게 일어나며

"할머니 여기 함께 앉으세요"

"괜찮습니다.
저쪽으로 가면 되니까"
"아니 여기 할아버지 곁에 앉으세요"
재빨리 대각선 방향으로 급히 간다.

두 어르신은
연신 고맙다고 인사를 한다.
- 「지하철 풍경 1」 전문

  이 글은 지하철 안에서 꽃핀 아름다운 인간미를 이야기식으로 전개해 놓은 작품이다. 남을 먼저 생각하는 양보심과 겸손과 경로심, 그리고 부드럽고 온유한 상생의 인간애가 삶에 활력을 주고 우리 주변을 밝고 아름답게 변화시킨다. 다산 정약용은 "시詩 없이는 평화가 없다"라고 하였다. 지하철역 승강장에, 또는 눈에 잘 띄는 어느 담벼락에 제시된 한 구절의 아름다운 시구가 얼마나 많은 사람들의 마음속에 위안과 평화를 가져다주는지 모른다.
  시인은 평화의 전도사다. 시인의 눈에 비친 이러한 지하철 안의 해맑은 풍속도는 작품을 통해서 더욱 의미가 부여되면서 주변에 안정과 평화의 씨를 뿌려준다. 산뜻한 글감의 취택과 조화로운 화평감, 그리고 상생의 아름다움이 잘 드러난 작품이다.

2. 먹구름 위에 펼쳐진 찬란한 햇살을 감지하다

　인간은 마음먹은 대로 눈앞에 보인다. 무학대사의 일화처럼 '부처의 마음으로 보면 부처님으로 보이고 돼지의 마음으로 보면 돼지로 보인다'. 온갖 저주와 환란과 고통이 따르고 있는 인생사, 아무리 인생이 고해라고 하였지만, 생각에 따라서는 즐거운 항해길이 될 수도 있다.

　검은 안경을 끼면 온 세상이 검게 보이고, 밝은 안경을 끼면 밝게 보이는 법, 청란 시인의 혜안은 늘 밝은 안경을 착용했기에, 절망적인 순간에도 언제나 먹구름 위의 햇살을 인식하고 있다.

　　　한 눈이 잘 보이질 않는다.
　　　뭐 그게 대수랴.
　　　잡아 일으킬 수 있는 두 팔과
　　　밥을 떠먹일 수 있는 두 손이 있고.
　　　퇴행성관절염이라나, 류머티즘이라나,
　　　성치 않은 무릎일 망정 아직은 걸을 수 있는데

　　　폐기물 주워다, 얼렁뚱땅 만든 리어카
　　　오늘도 혼자서는 아무것도 할 수 없는
　　　웃는 모습이 기가 막히게 예쁜 할망구 태우고
　　　논두렁 밭두렁 덜컹댈 수 있으니,
　　　나는 행복하다.
　　　엄청 행복하다.

　　　몇 개 안 남은, 뻐드렁 앞니

> 푹 들어간 볼우물 사이 햇살이 곱다.
> - 「뭐 그게 대수랴」 전문

   필자는 강의 시간에 종종 "곱게 물든 단풍은 봄꽃보다 아름답다"라고 강조하곤 한다. 빛 고운 단풍처럼 곱게 인생 경륜을 쌓아간 늙은 노인은 화려한 청춘의 모습보다 훨씬 더 아름답다는 뜻이다. 미(美)의 기준은 외모보다는 축적된 성숙미로 그 가치를 매겨야 한다. 나이 들어 육신이 고장나 쇠잔해지고 피골이 상접해도 아직은 걸을 수 있고, 아직 한눈으로나마 볼 수 있어 행복하다고 느낄 수 있다면 그 얼마나 아름다운 일인가?

   위의 글에서는 이직은 두 팔로 밥을 떠먹을 수 있고, 걸을 수 있고, 웃는 모습이 예쁘니 엄청 행복하다고 술회하고 있다. 육신의 탈이 난 것은 세월 탓이니 그게 뭐 대수냐며 밝고 긍정적인 생각으로 밝은 삶을 살아가는 노부부의 아름다운 삶의 철학이 노인의 푹 들어간 볼우물 사이 햇살처럼 곱다.

> 알지 못할 슬픔이 밀려와 / 나를 주체하기 힘든 새벽
> 주섬주섬 옷을 주워 입고 / 집 밖으로 나왔다.
> 가뭄으로 갈라진 논바닥 / 혀를 내밀고 인상을 쓴다.
> 작은 인기척에 백로 한 마리
> 잽싸게 날아오르고 빨간 고추잠자리 여유롭게
> 노란 호박꽃 위에서 흔들거린다.
>
> 상기도 미련 남은 자귀나무 꽃술 / 대롱대며 힘껏 버티는데

건너편 암탉은 목청껏 할머니를 부른다.
"알 가져가세요. 어서요"
앞집 복슬이 멍멍대며 대꾸하고 / 검은 구름 사이 스멀스멀 붉은 해는 얼굴을 내민다.
녹슨 담장 사이로 연분홍 나팔꽃이 / 서서히 기지개를 켜는 아침
보랏빛 도라지꽃 / 햇살 받아 고운 자태 뽐내는데
용케도 눈에 띈 행운의 고구마꽃
네게 기쁨을 안겨주리라 한다.

눈에 들어온 해맑은 풍경 / 숨은 그림 찾아내듯 눈여겨보니
여기도 저기도 숨은 듯 있었구나.
무심했던 행복이란 녀석

-「숨은 그림 찾기」전문

청란시인의 글은 언제나 맑고 밝고 긍정적이다. 시멘트 돌틈 사이 곱게 피어난 꽃, 검은 구름 위에 펼쳐진 찬란한 태양빛, 무대 뒤 음습한 곳에 피어 있는 향기로운 꽃을 찾아내는 게 그녀의 행복이다.

위의 글에 나타난 가뭄 속의 '백로'와 '고추잠자리', 그리고 암탉의 '알 가져가라'는 소리, 용케도 눈에 띈 '행운의 고구마꽃' 등은 숨은 행복 찾아낸 생활 주변의 사물들이다. 청란 시인이 밝은 안경을 착용하니 숨은 그림들을 잘 찾아낼 수 있는 것이다.

일찍이 공자님께서는 "불어괴력난신不語怪力亂神"이라고 말씀하셨다. 괴이한 것이나 어지럽고 귀신스러운 것들을 말하지 말라는 뜻이다. 난해시를 쓰지 말라는 의미도 들어

있다. 시인이 어두운 것, 괴이하고 어지럽고 귀신스러운 시상들만을 노래한다면 그 여파가 어찌 미칠까? 만약 그렇다면 그 작가는 물론 우리 주변에 평온은커녕, 미혹에 빠지고 혼란스럽고 죄악에 물든 어두운 세상이 될 것이다.

아무리 현실이 자신에게 큰 상처를 줬다 해도 먹구름 름엔 찬란한 태양이 비치고 있다는 사실을 감지하고, 늘 긍정적인 시상을 펼쳐나아가는 청란 시인의 맑고 밝은 시심이 곱기만 하다.

3. 순명(順命), 그 업보대로 살아가려는 깨달음의 미학

'은퇴하다'라는 말을 영문으로 하면 'retire'이다. 그 어원을 따져보면, '타이어를 갈아 끼우다'인데, '은퇴하다'의 뜻이니, 은퇴하면서 인생을 새출발한다는 의미가 더 짙다. 청란 시인의 글들을 관통하고 있는 시맥은 이러한 긍정성과 맑고 밝은 삶의 의지로 이어져 있다. '순천자흥順天者興'이라 하였으니, 시인의 눈에 들어오는 주변의 환경은 늘 은혜요, 감사요 평안이다. 하늘에서 내린 숙명을 기꺼이 받아들이고 몸을 낮춘 겸손한 자세로 바람부는 대로 물 흐르는 대로 순리대로 살아가려는 자세가 청란 시인이 지향하는 에스프리다.

세찬 비바람 불어와도 / 눈 감지 못하고 깨어있으라니

살을 에는 모진 눈보라 속에
눕지 말고 의연하게 맑은 소리 내라니
가슴은 까맣게 타고 / 팔다리는 경직되어 저려 오는구나.
사방이 잠든 깜깜한 밤에도 / 정신 차려 영혼을 달래주라니
아마도 전생에 죄를 많이 지은 / 업보가 아니던가.
살기 힘들다고 도리질도 해보지만 / 사명이려니 생각하며
물 흐르는 대로 바람 부는 대로 / 의연하게 대처하는 네게
작은 몸 내려놓는다

-「풍경風磬」전문

  이 작품은 '풍경風磬'을 자아의 상징으로 내세워 주어진 운명을 기꺼이 받아들이고자 하는 달관적 시상이 눈길을 끈다. 오욕칠정에 얽매여 아옹다옹 살아가는 뭇 세인들에게 깨달음의 미학을 전달해 주는 의미가 크다.

  풍경소리는 세찬 풍우에도, 깜깜한 밤에도 눈감지 못하고 언제나 깨어있어 뭇 영혼을 달래주는 존재이다. 추위와 비바람과 흑암의 경지 속에서도 산사의 고요를 깨뜨리고 파문을 일으키며 세상에 경종을 울려주는 풍경소리, 전생에 얼마나 많은 죄를 지었길래 그러냐고 자신의 큰 업보라고 유추한다. 이 글은 풍경소리의 의미를 빌어 물 흐르는 대로, 바람부는 대로, 지은 업보대로 살아가려는 화자의 깨달음의 철학이 잘 나타난 작품이다.

온몸의 나사가 / 조금씩 풀어져 헐거워진다.
미로를 더듬듯 찾아내어 / 조여야 할 텐데,
뇌세포까지 어리둥절
이어주고 청소하고 기름칠하고 / 수선하여 얼마간은

다시 써야겠는데 / 예서 제서 아우성친다.
아파, 아파
제 먼저 보아달란다.
어쩌랴?
봇물 터지듯 넘쳐나니
뉘 있어 막을 수 있으리

- 「황혼」 전문

 "나이 이길 장사 없다"는 말은 이 작품을 두고 하는 말일 게다. 인간의 생명이 유한하니 나이 들면 온몸 여기저기서 고장 신호가 빗발친다.
 작가는 이 작품에서 온몸의 나사가 조금씩 풀어져 헐거워지니, 조이고 닦고 기름치고 수선해 얼마간 써야겠는데, 형편은 그렇지 못하니, 뇌세포까지 어리둥절하고 여기저기서 아프다는 소리가 아우성친단다. 그러나, 세월을 못 이겨 봇물 터지듯 온몸에 삭신이 쑤셔대도 막을 길 없으니, 그 안타까운 심정 발버둥 친들 무슨 소용이 있으랴. 일찍이 순자의 가르침에 '인정승천人定勝天'이라고 하였지만, 인간은 피조물이고 모든 것은 하늘에서 주관하고 계시니, 나이 들어 종종 느끼는 것은 '인명재천人命在天'이란 말이 귀에 와 닿는다. 순명의 도를 따르는 삶의 지혜와 평안함이 달관자의 자세로 잘 드러난 작품이다.

4. 참사랑에 기대는 억새의 노래

　청란 시인의 글에는 끈끈한 사랑과 인정의 밀어가 묻어 있다. 진솔한 체험으로부터 우러나온 사랑 감성이기에 더욱 정감이 간다. 청란 시인의 작시법은 현학적인 기교나 고도의 수사력을 도모하기보다는 여인네의 담백한 목소리로 진솔하게 내면적 목소리로 전달하는 인간미에 그 바탕을 두고 있다. 그녀의 작품 속에서 우러나오는 소박하고 도타운 사랑과 인간미는 누구든지 함께 공유할 수 있는 공감력을 지니고 있기 때문에 그 작품성의 가치가 높다.

　　아픈 사랑으로 우리 만났어도 / 해가 뜨면 함께 해를 바라보고
　　눈이 오면 어깨 보듬어 가려주고 / 바람 불면 기대어 서로 바람막이 되어주고
　　비가 오면 같이 젖어도 보며 / 머물러 넉넉한 미소로 바라보는
　　아름다운 삶이길 소망하노니 / 우연으로 스치듯 만났어도
　　오래전 바램으로 만난 필연인 듯 / 어두운 밤 지키는 처연한 달빛처럼
　　환하게 미소 지으며
　　골목길 밝혀주는 별빛처럼 / 오로지 한 곳만 바라보며
　　사랑으로 하얗게 사위어가라 한다.
　　　　　　　　　　　　　　　-「억새의 노래」 전문

　사랑은 서로 기대는 간절한 마음이다. 생떽쥐베리가 "사랑은 서로 마주 보는 것이 아니라, 같은 방향을 바라보는

것이다."라고 하였듯이 사랑은 기대고 하나가 되어 한 방향으로 함께 나아가는 것이다.

　위의 글에 등장한 억새는 흔들거리면서 서로 기대는 존재다. 흔들거리지만 뿌리는 깊고 깊어 지조가 있으며, 늘 해를 바라보며 서로를 보듬는다. 우연으로 서로 스치듯 만났지만, 바람 불면 서로 기대어 바람막이가 되어주고, 넉넉한 미소로 서로 바라보며 오로지 한곳만을 바라보며 나아가는 그들의 삶이 얼마나 아름다운가! 그들의 하얀 꽃술은 함께 한 이들의 사랑이 무르익었음을 의미하리라.

　아마도 이글에서 '억새'는 화자가 소원했던 지난 삶의 모습을 형상화한 자화상일 게다. 굳이 '흔들리는 갈대'를 택하지 않고 '억새'를 택한 것은 억척스럽게 살아온 자기 인생의 자화상을 의식하며 그려낸 것이리라. 어두운 밤을 지켜주는 달빛처럼, 골목길 밝혀주는 별빛처럼, 오로지 한곳만을 바라보며 사랑으로 하얗게 사위어 나가리라는 화자의 의지가 반짝반짝 빛나는 인상 깊은 작품이다.

　　그제
　　산 오름 길 조팝나무
　　하얀 영혼에 길을 잃었다.

　　어제
　　이 길 벚꽃 떨어져
　　나빌레라, 춤추었다.

　　오늘은 아카시아 꽃잎 날려

옛 친구 불러오네.
내일 붉은 장미 만발하리라

비 오고, 바람불어
하늘대며 춤추던 초록 잎새
먼 길 떠난다 한들

하얀 눈길
즈려밟고 오실 고운 님
이미 내 안에서 웃음 지으시네.
- 「꽃길」 전문

 자연의 순환 질서를 의식하며 지은 이 글은 회상적이지만, 종내는 매우 소망적이며 미래지향적이다. 인생길은 변화무상하여 제철의 아름다운 꽃이 핀 듯하면, 금방 사라져 버려서 매우 아쉽기도 하다. 그러나 온갖 고난의 과정을 거친 후 오랜 기다림 끝에 나타난 겨울의 새하얀 눈길은 고운 님 즈려밟고 오실 백옥같은 축복의 길이려니 그 얼마나 아름다운 자연의 섭리인가! 화자는 고난의 과정을 뚫고 기다림 끝에 오신 그 고운 님이 이미 '내 안에서 웃음 짓고 있다'라고 하였다. 진실한 애정愛情을 기대하면서 사랑에 기대고 싶어하는 화자의 심경이, 억새 꽃술처럼 하얗게 나부끼는 좋은 글이다.

5. 사물에 대한 관조와 미적 감각의 탁월함

 훌륭한 시인은 꽃이 말하는 소리도 잘 듣고, 등대가 손짓하는 모습도 선명히 잘 본다. '작은 거인', 청란 시인은 눈과 귀가 밝다. 어떠한 사물이든지 그녀의 눈에 들어오면 생명의 싹이 돋아나고, 귀에 들어오면 의미의 줄기가 새로 쑥쑥 자란다.

 일찍이 공자께서는 시인이 되면 "다식어조수초목지명多識於鳥獸草木之名"이라 하지 않았던가? 특히 청란 시인은 후미진 곳에 홀로 피어 있는 이름 없는 꽃, 음습하고 소외된 외로운 사람들에게 빛을 비추어 주며 그들을 조명해 보는 시적 감성이 풍부한, 인정 많은 작가이다.

 A
 형형색색 / 숨어서 나서서 피어나는 너
 앉아서 서서 돌아서서 / 다시 바라보게 하는 너

 작고 볼품없이 자라나 / 눈길 한번 준 적 없어도
 조바심 하지 않고 때를 기다림인가
 옹색하다 불평 없이 곱게도 피었구나.

 부족한 인간들에게 / 길을 안내하려 함인가.
 아름다움이란 이런 거라고 / 넌지시 일러주는구나.
 　　　　　　　　　　　　　　　-「들꽃」전문

 B
 찌든 옷소매 / 터진 바짓가랑이

온갖 잡동사니로 가득한 종이 가방
대낮인데 술 냄새가 풀풀 / 초점 잃은 게슴츠레한 눈동자
산다는 것을 포기한 노인 같다.

'아가씨, 영등포 얼마나 남았우?'
미소가 예쁜 / 옆자리 하얀 블라우스의 그 여인
"할아버지, 제가 안내해 드릴게요.
저도 영등포에서 내려요."

생긋 웃는데,
덧니가 빛이 난다.
보석 중의 보석이로다.

-「보석」전문

  청란 시인은 사물에 대한 관조와 미적 감각이 탁월한 여류 문인이다. 특별히 무대 뒤의 음습한 곳에 피어 있는 외로운 꽃에 관심을 갖고 그들에게 의미 부여와 함께 생명력을 잘 불어넣어 준다.

  글 A에서, 볼품없어 눈길 한번 준 적 없어도 불평하거나 조바심 내지 않고 곱게도 피어난 들꽃, 그들은 욕심 많은 인간들에게 '아름다움이란 바로 이런 거야'라고 하며 참 아름다움의 진면목을 넌지시 말해주고 있다.

  글 B는, 지하철 안에서, 술 냄새 풀풀 풍기는 남루한 차림새의 허름한 노인을 보면 모두들 옆자리를 피한다. 그런데 미소가 예쁜 하얀 블라우스의 여인은 할아버지를 친절히 안내하여서 화자는 그 아름다운 인간미에 감동을 받았다는 내용이다. 이 글의 절창은 말미에 있다. 마음씨가 고

와 천사와 같은 여인, 그녀가 생긋 웃으니, '덧니가 빛이 나, 보석 중의 보석이로다'라고 한 시구가 참으로 인상적이다. 거친 돌 틈에서 금맥을 발견한 듯, 평범 속에 진실이 발견되는 놀라운 작가의 혜안과 필력에 찬사를 보낸다.

지금까지 청란 시인의 작품을 대표작 중심으로 살펴보았다.

작품 전반에 걸쳐 드러난 청란 시인은 문학적 감성이 풍부할 뿐만 아니라, 미적 감각이 탁월하고 긍정적이며 부활 의지가 강하다. 그녀의 작품세계 속에는 어느 누구의 글에서도 찾아보기 힘든 의식意識의 흐름 속에서 전개되는 맑고 밝은 영적 깨달음과 놀라운 미래지향적 시관이 펼쳐져 있다.

무정한 세월 속의 거센 세파에 시달리면서 외롭게 흐느껴온 그녀, 그런 그녀가 어찌 이리도 주옥같은 명작품들을 지어낼 수 있었단 말인가! 아마도 이러한 성과는 그녀의 타고난 문학적 재능과 긍정적인 인생관, 그리고 끊임없는 문학 사랑 때문이 아닌가라고 생각된다. 청란 시인의 해맑은 성정이나 미래지향적인 긍정적 인생관은 많은 문인들에게 정서적 문학적으로 크게 귀감이 될 것이다.

이 한 권의 소중한 시집이 많은 독자들에게 새로운 소망의 불빛으로 떠올라, 인생을 맑고 밝게 비춰주는 참된 지침서가 되어주길 바란다.

(2024년 11월, 삼익재三益齋에서 효봉 찬撰)

왕영분 시집

차 한잔하실까요?

1판 1쇄 발행 2024년 12월 18일

지은이 | 왕 영 분
펴낸곳 | 열린출판
등록 | 제 307-2019-14호
주소 | 경기도 고양시 덕양구 권율대로 656, 1401호
전화 | 02-6953-0442
팩스 | 02-6455-5795
전자우편 | open2019@daum.net
디자인 | SEED디자인
인쇄 | 삼양프로세스

ⓒ 왕영분, 2024
ISBN 979-11-91201-79-6 03810

*책값은 뒤표지에 표시되어 있습니다.
*저자와 협의하여 인지를 생략합니다.